何岩 / 著

# 公司大拐点

## 寻找股票市场中的十倍空间

WUHAN UNIVERSITY PRESS
武汉大学出版社

图书在版编目(CIP)数据

公司大拐点:寻找股票市场中的十倍空间/何岩著. —武汉:武汉大学出版社,2012.5
ISBN 978-7-307-09747-6

Ⅰ.公… Ⅱ.何… Ⅲ.股票投资—基本知识 Ⅳ.F830.91

中国版本图书馆 CIP 数据核字(2012)第 073105 号

责任编辑:夏敏玲　　　责任校对:刘　欣　　　版式设计:韩闻锦

出版发行:**武汉大学出版社**　　(430072　武昌　珞珈山)
（电子邮件：cbs22@whu.edu.cn　网址：www.wdp.com.cn）
印刷:武汉中科兴业印务有限公司
开本:720×1000　1/16　印张:16　字数:200 千字　插页:1
版次:2012 年 5 月第 1 版　　2012 年 5 月第 1 次印刷
ISBN 978-7-307-09747-6/F·1667　　定价:36.00 元

# 目　录
## CONTENTS

## 第二章　大拐点上市公司的鉴别与分类

## 第三章　锁定最优大拐点股票的翻番公式

## 第四章　寻找大拐点股票最佳买点

**第五章　构建大拐点股票最佳仓位**

**第六章　17年大拐点公司实战研究**

# 拐点，就是赢利点！

在市场低迷的一年多时间里，老何运用大拐点理论研究公司的热情还很高涨，因为每每收获不断，同仁堂、通策医疗、百视通……都可以在本书中找到。

在本书的序言中，我主要想与大家聊两个话题。

第一，什么是好公司？

想想自己在证券市场已经快 20 年了，实战投资、投资咨询、公司研究，做过很多工作，而到目前为止，还是觉得自己最大的乐趣在于公司研究。

说到公司研究，很多人似乎很明白，不就是通过公司基本面的研究来寻找优秀的公司么？但何为优秀公司？似乎有太多的答案。答案大多并非错误，毕竟每个人的价值观不同，对同一个公司完全可以有不同的价值观点。

**目前业绩好的公司就是好的公司吗？大多不是！业绩差的公司一定是坏公司吗？也不一定！最好的公司是什么？**从传统的、普遍意义的价值角度而言，那就是：**有道德、有历史、有品牌、很大众、能专注、重回报、能长大、能恒久的公司。**我们称之为高价值公司。对于长线投资者而言，符合上述条件已经足够。但对于大多数投资者而言，出于实战角度而言的好公司，这还不够。毕竟大多数投资者没有长线持有的心理素质，这是任何人也无法教诲与改变的，这是人性的必然。

我们认为：**在相对不是很长的时间内让投资者在二级市场赢利的公司，才是好公司。这种公司也要以价值为基础，符合高价值的特性，但还需要具备一种特殊基因——拐点基因。具有拐点基因的高价值公司就是我们心目中最具实战性、赢利性，而且最适合广大投资者的好公司。本书的重心将放在如何寻找拐点基因上面。**

目前在证券市场上，关于公司长期价值的评估体系已经相对完善，有道德、有历史、有品牌、很大众、能专注、重回报、能长大、能恒久等公司价值因素的评估已经成熟，但是，**与实战赢利性最为相关的拐点基因的研究却是空白。我们的努力就在于此。**

在我们心目中，在基本价值的基础上，刚刚出现重大实质性基本面向上拐点的公司（以下所说的拐点均指基本面向上的拐点）就是最好的公司，好就好在它能给投资者相对较快地带来收益。再次强调，让投资者等待 3 年、5 年之后才能获利的思想与建议极不现实，没有任何实战意义。**在实战中，公司基本面没有重大拐点的公司，无论业绩如何优异，都不是好公司，都是不能很快进入上涨周期的公司。投资不仅要看最终的结果，还要看效率，看心情。要知道，过于长久的等待，是不会有好心情的。千万不要忘记：我们投资的真谛是为了快乐！反之，业绩差、业绩一般的公司，只要基本面出现重大拐点，一样是好公司。**而目前业绩好、未来业绩加速奔跑的大拐点公司，更是我们眼中的好公司。

好公司一旦出现，未来就可以想象，梦想就有望实现。在实战中，寻找最具上涨潜力、更有效率的买点也是广大投资人所关心的。

这也是我们的努力方向所在。我们的一切努力与追求都有这样的宗旨：有效、高效、实用、实战。

另外，需要特别提示以下两点：

1. 本书的核心是探讨公司拐点，而不是宏观基本面观点（属于宏观分析一类），也不是市场趋势的拐点（属于技术分析一类）。我们认为，决定一家公司股票是否可以长期上涨的不是宏观经济，也不是市场趋势。**宏观面、市场面只是影响股价涨跌的辅助因素，但不是决定性因素。决定一家公司股价是否具备长期上涨潜力的核心因素是公司自身的基本面。**宏观面拐点与市场面拐点的判断相对简单，属于常识类问题，有兴趣的投资者可以去参考普及类读物。这些不在本书的讨论之列。

2. 本书所论述的拐点理论，默认为公司基本面向上拐点，也就是以选公司、选股票为目的。至于与之相对应的公司基本面向下拐点，也不在本书的讨论范畴。选出好公司是投资生活的重中之重，而一旦买入并持有了一家好公司，该公司基本面何时会出现向下拐点，不必关心，运用最简单的技术手段就可以解决卖出问题（本书也有简单介绍）。

所以，老何写**这本书的核心就是"拐点"二字，也就是公司基本面向上的拐点，而且还要在拐点的基础上寻找到最大拐点、最强拐点、最佳拐点以及最佳市值管理模式。**拐点体现了公司研究的本质，拐点体现了实战赢利的核心，拐点体现了证券投资的真谛。

说到拐点，投资如此，人生也如此。人在一生之中，不断会有拐点出现。而重大拐点一旦出现，你就该找到一个抓手，奋力地向上攀登。对拐点不敏感的人一定一事无成；感觉到了拐点而不珍惜的人，也不会有出息。

拐点，就是赢利点！

我想，引用到投资领域那就是：如果滚雪球的长坡已经足够长，只要小小的雪球开始动起来，不懈努力，未来必将辉煌。**本书就是要为中国的广大投资者寻找那足够长的雪坡，更是要带给大家寻找长坡的方法。而一旦某一领域、某一公司的重大基本面拐点出现，长坡即在眼前。**剩下的事情，或许不再困惑……未来的希望，一定不再遥远。

踏进拐点，等于迈向胜利！拐点，就是赢利点！

第二，进股市是为了实战，而实战是为了高效赢利！

投资者进入股市绝对不是为了游戏，也不是钱多了没处花，更不会是在股市中永远观望，一定是为了实战，而实战又一定是为了赢利。虽然，实际上很多人不断亏损，但人们赢利的夙愿难以改变。

长期以来，舆论导向都在走两个极端，很多投资者或被误导，或走向迷茫。

一种是倡导长期投资，去盲目地学习巴菲特式的投资。这是走入绝境的方式。因为100%的投资者无法具有巴菲特的诸多优势（心理优势、资金优势、话语权优势等）。我们可以去借鉴一些巴菲特的理念，但绝对不可以盲目模仿。

另一种是倡导短线投机。目前市场中充斥着讨论技术绝招、短线获利的书籍。大多数投资者只是看着热闹，而无法真正在不断的买卖之中获取真正长期稳定的收益。

所以，对于投资而言，尤其对于普通投资者的实战而言，1~2年的投资其实已经是中长线的范畴了。对于一家公司，如果可以确定它未来2~3年有很高的、相对确定的成长性，就已经足够了；能够看到3~5年的高成长是奢望，而更长远的成长或许是看不清楚的。

本书提倡的大拐点理论的核心追求是实战赢利，一切为了实战，而不是为了某一种思想、理念，去固执、刻板地按照某一种模式投资。

实战投资的最重要两大特征就是：一是要有高概率的赚钱可能。二是要有效率。**依据大拐点理论，我们只去投资那些看起来在最近几年有相对高确定性的高成长的企业，只去投资它最风光的时光，也就是甘蔗最甜的那一段**。虽然判断这个拐点、临界点有难度，也会有失误，但这正是我们所研究的，也就是本书所需要解决的问题。只要判断拐点、临界点的理念与技术过硬，在实战中，赢利的效果以及效率就会大大提升，从而真正享受到股市实战的乐趣，而不是仅仅享受书面知识、思想理论的乐趣。


说起这本书的写作，想法由来已久，因为多年来，我在做研究公司的过程中一直遵循着成长性这条主线。

如果说中华股宝是我对中华文化、中华资源的情有独钟，是一种特殊背景下的坚定选择，那么大拐点理论则是没有时间与空间束缚、没有国内与国际边界的公司研究心得。

自我踏入证券领域，虽然从未停止过技术面、心理面的研究，但公司研究始终是我的最爱。因为公司研究不仅仅是一种研究，一种发现，更是一种世界观、价值观的体现，更加能够体现出我的眼光、我的价值，更能寄托我的创新、我的梦想。

遗憾的是，一直以来，公司研究似乎总有这样或那样的问题，要么过于学术化，过于书本化，研究报告如出一辙，评估标准传统而又死板；要么过于超前与空洞，研究结论与实战的结合效果较差。巴菲特、彼得·林奇选择公司的思路为众人熟知，但复制成功者寥寥。原因就是理论归理论，实际运用还是缺少有效的路径。经过多年的思索，我斗胆提出大拐点理论。这是我多年研究的心得，也是多年成败经验的结晶，更是与诸多朋友们交流之后的硕果。

每一个理论的提出，只要能给大家一点点启迪，或许就是成功的。大拐点理论聚焦公司基本面的重大变化，聚焦未来公司发展的趋势与空间，聚焦股价长期不断上涨的预期。

相信，也希望大拐点理论能够成为公司研究领域的一个阶段性的标志性理论。如果有幸成为上市公司研究领域的一个研究思想拐点，则是本人的最大荣幸。是否如愿，还有待市场的认可与验证。

何 岩

2012．2．21　于北京

# 第一章
## 公司拐点与十倍空间

　　涨十倍的股票一定来自公司基本面出现重大拐点的公司。没有公司基本面的重大拐点，就没有业绩爆发，没有高成长性，没有投资主题，没有想象空间，当然也就没有十倍收益的预期。

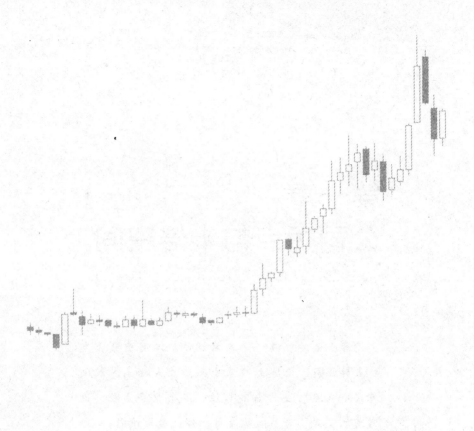

股市是什么？对于不同的市场角色，它有不同的定义。对于投资者而言，股市就是一个可以让你赚到大把大把钞票的地方，当然，前提是懂得规则，会玩游戏。

　　不想在股市中获取十倍收益，甚至是百倍收益，就不必进入股市，当然也没有必要阅读本书。

　　本书所讨论的就是：为了获取十倍收益甚至百倍收益找到最佳买入对象，也就是你要买入的公司！而这种理想买入对象的寻找寄托着千百万投资人的梦想。

　　如何寻找？方法何在？普通投资者在迷茫，专业投资者在探索，国际大师曾经成功，但难以复制。公司拐点的全新理论是不是可以让你眼前一亮呢？

# 不追求十倍空间的投资者
# 一定不是好投资者

我周围的朋友大多是与股票有关的朋友，不管是事业上的朋友还是生活中的朋友，就统称为股友吧。每每发生在他们身上的故事，可能在读者你的周围也会一一上演，或成功或失败，都是很好的案例教材。

杨家兄弟是有钱的人，此前做生意一个比一个精明，也都是我的好朋友。后来他们都喜欢上了股票，赚了钱经常找我去喝喜酒，赔了钱也每每找上我喝闷酒。但我暗自算下来，酒是没有少喝，钱也没有少花（因为老何只喜欢喝中国顶级历史名酒），只是绝大多数喝的是赔钱酒、闷酒。

读者要问了，老何，你是股市上的所谓专家了，不够朋友吧。你的好朋友怎么能总是赔钱呢？是啊，一开始我也很不好意思，最后明白了：两个兄弟是一个账户炒股，但总是意见不一。我每次给的建议最终都难以完整落实。每每失之毫厘，谬以千里。

后来我劝哥俩不要做股票了。当然没结果。杨老大说：俺老杨这辈子做什么，什么行，就不信股票不行，不赚它个翻天覆地绝不罢休。杨老二则说：我一做上这股票，就像吸了毒品，一天不看就难受，一天不交易就觉得别扭。我这辈子是离不开股市了。

是啊，这世间的股市投资者，何止杨家兄弟有上述想法，又何止仅仅有杨家兄弟的想法。只要进了股市，难以离去，不肯离去，深深迷恋者十有八九，剩下的十之一二估计是给"清盘"了。既然大家都不愿离去，那么我们就应该认真考虑一下如何在这个市场中折腾出个模样来。

陈家姐妹也是我的好朋友，姐妹俩虽然长相上乘，但感觉上都很"傻"。"傻"到什么程度？姐妹俩将所有的钱都投到股市之中，不给自己留一点后路。与杨家兄弟一样，两个美女也总是请我吃饭，喜欢听我高谈阔论最新研究的几家公司。姐俩都虔诚地听着，最后总要问一句：您觉得哪个公司最好啊？我当然不假思索地说出正在研究的众多公司中直觉最好的一家公司，随后陈家姐妹就会全仓买入。我后来才知道她们如此极端的做法，真让人害怕。由于大盘一直是熊长牛短，对于看好的公司，我大多时候是不敢让别人多买的，经常说，等等吧，再看看吧；或者说，大盘不好，要买也只能少买点，不可重仓。因为老何的确不敢担负千家万户的幸福。只介绍公司，不给投资决策，这已经是我很多年的习惯了。

陈家姐妹后来如何？赚了多少那是人家的秘密，老何自然不好多问。反正她们说，没想到，股市还真是个好地方！一个个大大小小的梦想都不断地实现了，一年实现一个。下一个梦想是要得到一只大股票，长线持有，获取十倍收益，然后呢，去做一件她们心目中最渴望的事情。

杨家兄弟很精明，但在股市中却一直没有找到有效的赚钱工具，也没有找到确定的思路。陈家姐妹似乎有些"傻"，实际上却赢利丰厚，但是不是已经找到了赚钱的工具呢？似乎也没有。这两对兄弟姐妹都很危险，今后结果如何难以预料。但是，我很欣赏陈家姐妹的梦想。有梦想才会有希望，有梦想才会想方设法去实现梦想。

# 站在巨人肩上，领略涨十倍的风景

至今为止，致力于价值投资，以研究公司价值为核心赢利手段的投资大师有本杰明·格雷厄姆、菲利普·费雪、沃伦·巴菲特、彼得·林奇等人，当然还有其他很多著名人士，但这四人最具代表性。他们的理念与方法怎样呢？不妨让我们站在巨人的肩膀上去了解一下大师们的理念与方法，看看是否能给我们一些启示。

 ## 价值投资之父的投资奥秘

先看看现代证券分析奠基者的华尔街教父本杰明·格雷厄姆。

**本杰明·格雷厄姆的投资哲学**：寻找价格低于有形资产账面价值的股票。

**本杰明·格雷厄姆的投资原则**：

● **内在价值**：内在价值是价值投资的前提。

● **市场波动**：要利用市场短期经常无效、长期总是有效的弱点，来实现利润。

● **安全边际**：以四毛的价格买价值一元的股票，保留有相当大的折扣，从而降低风险。

**本杰明·格雷厄姆的投资策略**：寻找廉价股，以定量分析为主。

**本杰明·格雷厄姆的选股标准**：

如果一家公司符合以下 10 条中的 7 条，可以考虑购买：

1. 这家公司获利与股价之比（本益比，也就是市盈率）是一般

AAA 公司债券收益率的 2 倍。

2. 这家公司目前的市盈率应该是过去 5 年中最高市盈率的 2/5。

3. 这家公司的股息收益率应该是 AAA 级公司债券收益率的 2/3。

4. 这家公司的股价应该低于每股有形资产账面价值的 2/3。

5. 这家公司的股价应该低于净流动资产或是净速动资产清算价值的2/3。

6. 这家公司的总负债应该低于有形资产价值。

7. 这家公司的流动比率应该在 2 以上。

8. 这家公司的总负债不超过净速动清算价值。

9. 这家公司的获利在过去 10 年来增加了 1 倍。

10. 这家公司的获利在过去 10 年中的 2 年减少不超过 5%。

本杰明·格雷厄姆内在价值法则认为，**投资的秘诀就在于当股票价格远远低于内在价值时投资，并且相信市场趋势会回升**。格雷厄姆像生物学家解剖青蛙那样分析普通股股票、公司债券，总企图寻找那些便宜得几乎没有风险的公司。有的投机者把股票看做一张薄纸，他们的目标只是期待下一个接手的人，然后再下一个人。而格雷厄姆和他的"粉丝"则把股票看做企业的份额，它的价值始终应和企业的价值相呼应。格雷厄姆曾十分迷惑地说："让人难以置信的是，华尔街从未问过这样的问题：这个企业售价多高？"

在解决了投资的价值标准后，剩下没有解决的一个麻烦问题是，如果按照"内在价值"标准买进一种便宜的股票后，它变得更便宜了，该怎么办？格雷厄姆承认，如果有时市场价格定错了，它们得经过"很长一段困扰人心的时间"才能调整过来。那么，在购买股票时，还需要保持一个"安全边际"。只要有足够的"安全边际"，投资者就应该是很安全的。

什么是"安全边际"呢？格雷厄姆解释说，投资者应该在他愿意付出的价格和他估计出的股票价值之间保持一个差价：一个较大的差价。如果余地留得足够大，即有足够的"安全边际"，那么他就拥有基础的优势，不论形势有多么严峻，只要有信心和耐心，必然会有可观的投资收获。

# 专注价值型成长股的鼻祖

菲利普·费雪是现代投资理论的开拓者之一、成长股价值投资策略之父、教父级的投资大师、华尔街极受尊重和推崇的投资专家之一。他被称为最伟大的成长型投资大师，他与价值型投资之父格厄姆同为投资大师巴菲特的启蒙老师。

1929年，虽然费雪强烈看空股市，并向上头递交了一份研究报告，但是，自己却买进3只看上去相当便宜的股票——市盈率极低。1929—1932年美股崩溃，暴跌近九成，费雪亦血本无归。他说，智者和愚者的区别在于前者能从错误中学习，但后者则不会。

此事令费雪明白了两点：

● **便宜没好货**。低市盈率的股票并不说明便宜、可买，相反很可能是公司即将出现问题的先兆，投资该股票可能掉进一个陷阱。

● **再准确的分析和预测对实际投资也根本没有任何价值，你必须付诸实施才能真正获利**。

费雪开始意识到，决定股票价格的主要因素，不是当年的PE，而是未来几年的预期PE。他说，若能培养自己的能力，在合理的上下限内确定某只股票未来几年可能的业绩，就能找到一把钥匙，不但能避免亏损，更能赚得厚利。费雪经历半个世纪的投资，得出8点投资心得：

1. 投资目标应该是一家成长公司，公司应当有按部就班的计划使赢利长期大幅增长，且内在特质很难让新加入者分享其高成长。赢利的高速增长使得股票价格相对而言越来越便宜，买进成长股总会获得丰厚利润。

2. 集中全力购买那些失宠的公司。这是指因为市场走势或当时市场误判一家公司的真正价值，使得股票的价格远低于真正的价值，此时则应该断然买进。寻找到投资目标之后，买进时机也很重要；或者说有若干个可选的投资目标，则应该挑选那个股价相对于价值更低的公司，这样投资风险可以降到最低。

3. 抱牢股票，直到公司的性质发生根本改变，或者公司成长到某个地步后，成长率不再能够高于整体经济。除非有非常例外的情形，否则不因经济或股市走向的预测而卖出持股，因为这方面的变动太难预测。绝对不要因为短期原因，就卖出最具魅力的股票。但是随着公司的成长，不要忘了许多公司规模还小时，经营得相当有效率，却无法改变管理风格，以大公司所需的不同技能来经营公司。长期投资一家低成本买进、业绩高成长的公司，不要因为外部因素而卖出股票，应该以业绩预期为卖出依据，因为外部因素对公司的影响很难精确分析和预测，同时这些因素对股价的影响亦不及业绩变动对股价的影响大。

4. 追求资本大幅成长的投资人，应淡化股利的重要性。在获利高但股利低或根本不发股利的公司中，最有可能找到十分理想的投资对象。成长型的公司总是将大部分赢利投入新的业务扩张。若大比例分红，则多数是因为公司的业务扩张有难度。不过，这是指现金分红，而以红股形式的分红则应该鼓励。

5. 为了赚到厚利而投资，犯下若干错误是无法避免的成本，重要的是尽快承认错误。如同经营管理最好和最赚钱的金融贷款机构，也无法避免一些呆账损失，了解它们的成因，并学会避免重蹈覆辙。良好的投资管理态度，是愿意承受若干股票的小额损失，并让前途较为看好的股票，利润越增越多。无论是公司经营还是股票投资，重要的是止损和不止盈。止损是指当你发现持有的股票出现与当初判断的公司基本面的情况有相当大的变化时卖出持股的做法。不止盈是即使持有的股票大幅上升但公司赢利仍将高速增长，且目前股价相对偏低或者合理的情况下继续持股的做法。**许多投资者往往做反了，买进的股票一旦获利，总是考虑卖出；相反，买进的股票套牢了便一直持有，让亏损持续扩大。**

6. 真正出色的公司数量相当少，当其股价偏低时，应充分把握机会，让资金集中在最有利可图的股票上。对个人投资者（可能和机构投资人以及若干基金类别不同）来说，持有 20 种以上的不同股票，是投资理财能力薄弱的迹象。通常 10 ~ 12 种是比较理想的数目。有些时候，基于资本利得税成本的考虑，可能值得花数年的时间，慢慢集中投资到少数几家公司。个人投资者的持股在 20 种时，淘汰一些最没吸引力的公司，转而持有较具吸引力的公司，是理想的做法。出色的公司在任何市场都只有 5% 左右，而找到其中股价偏低的公司则更是千载难逢的好机会，应该重仓买进，甚至是全部资金买进（**对于中国个人投资者而言，老何建议持有的股票数量不超过 3 只**）。

7. 卓越的股票管理，一个基本要点是能够不盲从当时的金融圈主流意见，也不会只为了反其道而行便排斥当时盛行的看法。相反，投资人应该拥有更多的知识，应用更好的判断力，彻底评估特定的情境，并有勇气在你的判断结果告诉你"你是对的"的时候，坚持下去。

8. 投资股票和人类其他大部分活动一样，想要成功，必须努力工作，勤奋不懈，诚信正直。

费雪的投资哲学虽然提出已经有数十年了，但就是到了今天，《怎样选择成长股》一书也仍被奉为投资理财的经典之作。股票投资有时难免有些地方需要靠运气，但长期而言，好运、霉运会相抵，要想尽可能持续成功，必须靠技能和运用良好的原则，购买有成长价值期望的股票。在投资前，要做深入的研究、调查、访问。

## 令人崇拜的当代投资偶像

本杰明·格雷厄姆、菲利普·费雪可能离我们稍有些遥远，但作为当代投资者的崇拜偶像，沃伦·巴菲特就是大家十分熟悉的投资大师了。

巴菲特主要依靠估值与价格的比较，如果安全空间足够大，就买入。巴菲特主要买轻资产的中型公司或大型公司，他对看好的公司的财务数字了如指掌，强调定量分析，是更纯粹的价值投资者。巴菲特喜欢业务较简单及其产品不断有顾客的公司，长期投资于可口可乐等大消费类品种。他曾经戏言，简单的业务就算由愚鲁者管理也没问题。其实，巴老在选股时，会顾及其管理层是否务实，认为这较其是否有才干更加重要，因为若非亲自打理，便要依赖于正直而不会损害小股东利益的管理人。

巴菲特曾说过，我的血管里85%流着格雷厄姆的血，15%流着费雪的血。

对于巴老，大家应该已经熟悉他的很多理念与方法，这里就不再做更深入的介绍。

## 寻找涨十倍股票的投资大师

彼得·林奇同样注重对公司的认真研究。在对公司调查后，他主要依据一些财务分析来决定是否买入。与费雪类似，彼得·林奇的最大特色也是钟情于小盘成长，特别是大基金还没有发掘的小盘股，也就是说善于抓大黑马。**彼得·林奇认为，对投资者来说，投资组合应该集中化，仅买入一种或极少品种的股票。**

将麦哲伦基金推向巅峰的投资艺术家彼得·林奇在担任麦哲伦基金经理人职务的 13 年间，麦哲伦基金的管理资产由 2000 万美元成长至 140 亿美元，基金投资人超过 100 万人，成为美国富达基金公司的旗舰基金，并且是当时全球资产管理金额最大的基金，其投资绩效也名列第一。13 年间，麦哲伦基金的年平均复利报酬率达到 29%，其投资组合由原来的 40 种股票变成了 1400 种。彼得·林奇也因此被美国《时代》周刊誉为第一理财家。

在投资组合中，林奇比较偏爱以下两种类型的股票：

一类是中小型的成长股。增长理所当然是一家公司首要的优势，成长股在林奇的投资组合中占最大的比例，其中中小型的成长股更是林奇的偏爱。因为在林奇看来，中小型公司股价增值比大公司容易，一个投资组合里只要有一两家股票的收益率极高，即使其他的股票赔本，也不会影响整个投资组合的成绩。林奇考察一家公司的成长性，对单位收入增长的关注甚至超过了利润增长，因为高利润可能是由于物价上涨造成的，也可能是由于巧妙的买进造成的。林奇不断追求的是实际单位销售量的增长。他曾向投资者建议："想赚钱的最好方法便是将钱投入一家近几年内一直都出现盈余，而且将不断成长的小型公司。"

另一类是业务简简单单的公司的股票。一般的投资者喜欢激烈竞争的领域内有着出色管理的股票，例如宝洁公司、3M 公司、德州仪器、摩托罗拉公司等——经过数十年成功的奋斗，它们已经形成了有效率的队伍来利用机会，争夺市场，并通过创制新产品推动业绩增长。毫无疑问，你真希望自祖辈起就持有这些公司的股票。但林奇看来，投资者不需要固守任何美妙的东西，只需要一个以低价出售、经营业绩尚可、股价回升时不至于分崩离析的公司就行。

林奇指出，许多投资者对市盈率的分析存在着很大的误区，认为较高市盈率的公司比较低市盈率的公司更易下跌。其实事实并非如此。如果一家公司呈高速增长，即使它以较高的市盈率出售，投资者仍能比购买市盈率较低、增长速度较慢的公司股票赚更多的钱。

彼得·林奇的名言：投资是没有结果的投机。在某种程度上，某种股票价格便宜要比关于市场明年如何运作的流行概念真实可靠得多。林奇认为，避免投资最热门行业里的最热门股票。投资者可以从买卖拥有隐蔽性资产的公司股票上获得巨大的收益。要挣钱，就得发现别人未发现的东西，就得做别人因心理定势作祟而不愿做的事。

# 国际大师共有的研究精华

前面所说的这些投资大师在方法与个性上各有不同，他们选取的涨十倍股票也可能各不相同，但是他们仍然拥有许多共同点，值得我们作为精华珍藏：

- 以价值投资为准绳，在大打折扣时买进；
- 勤奋学习，独立思考而不盲从；
- 充满理性，在行动之前认真研究；
- 紧跟行业的领头羊，关注具有行业壁垒或竞争优势的企业；
- 将投资集中在几个最好的股票上；

- 坚守自己的投资理念而不随意更改；
- 买好企业，视股票为公司的所有权；
- 长期持有，会将好企业的股票持有很长一段时间；
- 注重企业优秀的管理者，决不低估管理层的重要性；
- 当他们为投资组合挑选投资项目时，远离"市场"。

以上 10 点精华是国际大师公司研究的精华。总结起来，万变不离其宗，各派的价值投资者，都是趁别人放弃或没有加以重视时，以低价买入，静待价格重返合理水平，甚至是不断增值。

巴菲特曾经说过：如果市场有效率，我们都是乞丐了。而本书的宗旨就是试图利用市场效率的一点空隙，发现我们所能拥有的宝藏。当然，关键是掌握发现宝藏的方法。

# 涨十倍的工具，中国人一直在寻找

找到真正可以在市场中不断长期上涨的公司股票，是实现涨十倍的梦想最根本前提。是的，虽然这也只是前提之一，但的确是最重要的前提。从哪里入手寻找呢？技术面可以吗？似乎略显单纯。心理面成熟吗？似乎有些不确定。基本面呢？……

我们经过多年的实践与研究最终得出结论：**走进公司研究的殿堂，就会有希望迈进涨十倍的天堂**。我们相信基本面，我们只相信公司基本面。

#  技术派人士的困惑

　　小刘是一位酷爱证券投资的小伙子，虽然年纪不大，但研究股票投资技术已经十年有余。他的投资信仰是技术面。他认为技术面之中包含一切信息。对不对呢？信就对，不信就不对。小刘最终的成绩如何呢？还算好吧，至少十年下来还是小有收获。毕竟小刘已经大体精通了几乎所有的在市面上可以学习到的技术手段。市场上能找到的投资技术，小刘都运用熟练。时间长了，朋友们都叫他"技术刘"。小刘一直有烦恼。

　　烦恼什么呢？

　　一个是，还没有找到完全属于自己的高效技术手段。目前主要还是在使用别人的技术分析、决策手段与交易技术。

　　另一个是，很少赚取超额收益，几乎没有骑上一匹大黑马一路持有的经历。

　　原因何在？对于前一个困扰我们先不去分析，因为这本身就很难。拥有自己的东西不难，但拥有很有效的东西其实就是在搞发明创造了，而且是发明创造赚钱的工具，你说这能不难吗？没有是正常的。

　　针对第二个困扰，那就是，**如果有幸买到一只长线好股，但一个恶劣的技术图形或者走坏的技术指标，就可以让一只大牛股出现技术性卖出信号，继而卖出股票。大黑马从此别过。这是技术派难以掌握涨十倍的股票的原因。**

　　老何认为，技术分析可以分析、判断大盘趋势，可以选择买卖时机、买卖位置，但无法给出投资标的的基本面信息。所有股票在技术面上都是一样的电子符号，但这本身与我们进行投资的真谛是相违背的。

投资的真谛是在有明确的、值得投资的对象的基础上，买得相对低价，卖得相对高价。投资标的的选择一定是来自对公司现有价值、潜在价值的深刻认识。单纯凭技术面操作，还不如去做股指期货以及各色期货品种来得更加简单，何必买卖各色各样的公司股票呢？所以，技术刘的烦恼纯属不该有的烦恼。如何赶走烦恼，技术刘已经醒悟。那么，公司研究技术，是不是技术刘的技术短板呢？

老何眼中没有技术派与基本面派的区别，因为，公司研究本身就是很高深而又最基础的投资技术。

# 心理大师们的烦恼

在股市时间长了，看到的事情也多了。技术刘的烦恼还会不断地烦恼很多人，其中少数人的烦恼自始至终是很难排除的。技术派人士不懂公司价值而难以成为真正的投资大师，而专心搞公司研究的人也是赔钱的居多。有心人发现，无论技术面、基本面，反映到盘面的波动，其实都是交易者的心态在起作用。那么，何不深入技术面、基本面的背后去研究问题，探索规律？股市的心理大师也就应运而生。

老何对此深表认同，也曾经写了《股市赢利终极密钥——交易人性》这本很值得自豪的著作。但老何还是有三点疑问，这也是写这本书的主要原因。

**疑问一**：股票投资有极大的不确定性，股市的波动是不是有规律可以寻找其实还有争论。即便有规律，那也是很小很小的概率可以找得到。所以，市场中唯一可以确定的就是你投资的公司怎样，这是在一定期间内可以相对明确判断的。而通过心理面分析市场，由于人性的难以琢磨，寻找出其中的规律就更加困难。如果有幸能寻找到其中的心理因素规律，就可以了吗？

疑问二：股票投资的核心问题是人性，这个结论是毫无疑问的。但事实上，如上所说，即便寻找到了市场依据心理因素波动的某些规律，依托人性与心理因素规律进行交易者，99％还是亏损的。我身边一位国内顶级的心理派研究大师，其投资成绩不如普通股民。所以，我只能叫他研究大师，而非投资大师。人性的修炼难于上青天。即便我们明白了其中的道理，但实施起来还是很难。所以，绝大多数人只能明白道理，实战意义不大。心理大师的确研究出了一些规律，讲起课来也头头是道，但让他自己做起来就完全可能变形。

疑问三：心理面决策其实在绝大多数时候是派不上用场的。股市在绝大多数情况下是一种相对平稳的波动，异常波动不会很多。而正常波动下，心理技术意义不大。只有在市场出现异常状态时，比如暴涨暴跌，比如成交急剧放大、急剧萎缩，心理面分析还有些用场。这样一来，心理面对于绝大多数的投资者只能是一种辅助手段而已，不可以作为常规作战工具。

我所认识的这位心理大师常常暗自流泪：明明研究得很清楚，怎么到了实战就不一样了。不赚钱这一事实，无论怎样都是他难以接受的。

老何认为，心理面分析也是一种很好的投资技术，而且很高深，但将这种技术量化而且用于实战的确有难度。

 ## "中国巴菲特" 的失败

在寻找涨十倍的股票的道路上，不知是什么时候，在中国大地上涌现出来无数个"中国巴菲特"。就连老何有时候在一些机构举办的活动上讲课，活动举办方也搞出所谓的"巴菲特宴"，让老何也过一把巴菲特的瘾。

其实巴菲特就是巴菲特，任何人都学不来，也不可能有任何的巴菲特第二。老何早期在一些电视节目以及一些文章中就反复讲过：巴菲特不可学！为什么？因为巴菲特的核心能力是心态，而不是眼光。而心态是无法复制的，每个人的心态都大不相同。

我们见到，所谓的"中国巴菲特"们大多以惨败而告终。原因各有千秋。有学点皮毛就仓促上阵的，只要绩优股，买了就傻傻地持有，没想到其中的周期性绩优股转眼就成了垃圾股。也有的学到了精华，还真买到了完全符合巴老选股特征的品种，但最终还是得不到很好的收益。为什么？心态没有修炼到位。一个剧烈的震荡，一个惨烈的下跌，他就慌了，就失去了筹码。

所以，还是上面的那句话，学习巴老的方法与理念很简单，但心态无以复制。绝大多数中国的仿巴菲特们没有学习到巴老的精髓，难以选到真正的中国长期价值型公司。少数选到优质标的的人，也因为心态难以过关而以失败告终。至少目前为止，我仅看到一位有点真正巴菲特特质的"中国巴菲特"，后面会具体介绍。

## 基金经理的艰难成长

作为国内顶级专业大机构的掌门人，基金经理是公众眼中的高手化身。正常情况下，每一个基金经理都会对价值投资的理论倒背如流，也一定会相对准确地评估出每一家公司的各种价值。那么，这些"公基"是否在寻找涨十倍的股票的工具方面有很好的成果呢？

我认识的公募基金经理老孙就是一位肯钻研、很敬业的基金经理。他运用社会上公认的公司价值评估手段，可以对每家公司给出五种公司价值。老何很是钦佩，但尊敬之余也有点惋惜，似乎总觉得少了点什么。

具体而言，对于看好的潜力公司，老孙会计算出五种价值，具体如下：

1. 公司账面价值：公司账面价值是资产负债表所揭示的会计价值，用公司的账面价值来表现公司价值是基于这样一种假设，即一个公司的价值是所有投资人（包括债权人和股东）对于公司资产要求权的价值总和。

2. 公司内在价值：公司内在价值是指公司在可预见的未来预期可以产生的现金流量的现值。

3. 公司公允价值：从市场交易的公平性和可交易性的角度，公司公允价值是指买卖双方在完全了解有关信息的基础上，在没有任何压力的情况下愿意进行交易的价格。

4. 公司投资价值：公司投资价值是建立在 MM 理论基础上的公司价值概念。MM 理论认为公司价值是由公司的投资决策及其获利能力和经营风险所决定的，因而，公司价值＝现有项目投资价值+新项目投资价值。投资价值是公司并购、股权转让等资产经营活动中涉及最多的一种价值概念，它是公司相对于一个特定的所有者或预期所有者的价值，表现为该公司给所有者带来的未来收益的价值。

5. 公司市场价值：对于一家上市公司而言，其每股市价乘以公司发行在外的普通股股数，即可计算出公司股东权益的市场价值，再加上公司债务的市场价值，就可以得出公司的市场价值。

老孙对上述价值的评估理论已经十分精通，但落实到实战上，老孙的业绩每每落后于大盘。烦恼的老孙直到某一天才知道了其中的原因：哦，原来还有一种叫实战价值（或者赢利价值）的价值形式存在

（后面本书将会有具体介绍），而恰恰这种价值才是最终获利的关键。

 # 揭秘国内大机构常用的公司研究方法

前面讲的基金经理老孙是否具有代表性不必下结论，而国内的确也有投资性格独特的很优秀的基金经理。只是很遗憾，太少！公司研究应该是极具个性化的东西，但国内大机构的研究理论体系却惊人的一致，很多研究报告的写作体系、研究思路十分相近，严重缺乏个性与想象力。

说起国内大机构常用的公司研究方法，还是让其中的专业研究员介绍更有说服力。小王别看年纪不大，已经是某著名券商行业的资深研究员，也是老何的好朋友。老何经常向小王请教某行业的一些专业问题。现在我们说到公司研究，也恰好可以请小王发挥一下能量。

在券商、基金等大机构之中，对任何公司进行研究、估值，都需要严谨的方法。据小王介绍，目前正规机构对公司的研究主要聚焦在估值上，比较注重数据，还是以"算"为主（而老何认为的公司研究则内含宽泛，看好的公司要具备很多前提条件，而大部分条件不是"算"出来的，而是依靠思想、理念积累出来的，后面将具体介绍）。

小王总结，正规机构常规的公司估值手段即公司估值理论与方法可以分为两大类，贴现法与相对估值法。

**第一类：贴现法**

费雪认为，资本的当前价值实质上就是未来收入的折现值，简言之，价值是未来收入的资本化。公司的价值就是依照市场利率贴现的未来收益现值。

威廉姆斯最早提出了贴现现金流量的概念，给出了股利贴现模型，把股利看做现金流量。

为弥补贴现现金流法的不足，美国麻省理工大学梅耶斯教授于1974年提出了调整现值法（APV）。20世纪70年代以后发展起来的期权定价理论给公司价值评估提供了一种新的思路。该理论认为，公司价值等于经营资产价值加上投资机会的价值。

就估值贴现模型而言，可归纳为股利贴现模型、自由现金流量贴现模型、收益（盈余）贴现模型等三种模型。这些方法在理论及逻辑推理上是最为完备、最为严密的体系，在实际中被广为采纳。

1. 股利贴现模型最早由威廉姆斯（1938）提出，他认为股票价值等于持有者在公司经营期内预期能得到的股息收入按合适折现率计算的现值，这是公认最基本的估值模型。

2. 自由现金流量贴现模型认为公司价值等于公司未来各年自由现金流量按照适当贴现率计算的现值之和，并由此扣除债权价值，得出股权价值与股票价值。该模型假定公司面临一种相对完善的市场环境，即制度环境、经营环境是稳定的，公司持续经营，投资者具有理性一致预期等。但是该模型不适用于引入周期公司，不适用于那些经营周期相对于经济周期变化不确定的公司。

3. 收益贴现模型将未来会计盈余贴现作为估值基础。该方法基于以下原理：Watts与Zimmerman（1986）提出，会计盈余可以视为已实现现金流量替代变量；基于Beaver（1998）提出的三个假说，把会计盈余与估值联结起来，即现在会计盈余与未来会计盈余相关联，未来会计盈余与未来股利相关联，未来股利与现在估价相关联。该模型相对于现金贴现模型而言，其会计收益指标更容易被上市公司粉饰。

### 第二类：相对估值法

贴现法在实务中被大量采用，但其缺点也显而易见，计算繁琐，存在较多主观因素，公司之间难以进行对比。Aswath Damodaran（1967）提出相对估值法，即通过寻找可比资产或公司，依据某些共同价值驱动因素，如收入、现金流量、盈余等变量，借用可比资产或公司价值来估计标的资产或公司价值。

根据价值驱动因素的不同，相对估值法可以分为：市盈率法、市净率法、市销率法、市现率法、重置成本法、EV 与 EBITDA 比率法等。

**1. 市盈率法。**

定义：市盈率是一家公司股票的每股市价与每股赢利的比率。

计算公式：市盈率＝每股市价/每股收益（P/E）。P 为每股市价，E 为每股收益。

估值标准：以市盈率为股票定价，需要引入一个"标准市盈率"进行对比。一般以银行利率折算出来的市盈率为标准。对于投资者来说，是把钱存入银行，还是购买股票，首先取决于谁的投资收益率高。因此，当股票市盈率低于银行利率折算出的标准市盈率，资金就会用于购买股票；反之，则流向银行。这就是最简单、直观的市盈率定价分析。

在股票市场中，当人们完全套用市盈率指标去衡量股票价格的时候，会发现市场变得无法理喻：股票的市盈率相差悬殊，并没有向银行利率看齐；市盈率越高的股票，其市场表现越好。是市盈率指标没有实际应用意义吗？其实不然，这只是投资者没能正确理解和应用市盈率指标而已。

适用范围：市盈率指标对市场具有整体性的指导意义。对具体公司而言，比较适合平稳增长的企业，但不适合没有赢利而有较大收入的企业，尤其是一些新兴企业。另外，对目前业绩亏损，但具有购并价值的企业也不适合。

方法优点：以动态眼光看待市盈率，可以寻找到牛市之中十分出色的股票。

方法缺点：不能评估有巨大潜力但目前赢利较差甚至亏损的企业。

**2. 市净率法。**

定义：市净率是一家公司股票的每股市价与每股净资产的比率。

计算公式：市净率 = 每股市价/每股净资产（P/B）。P 为每股市价，B 为每股净资产。净资产是指公司资本金、资本公积金、资本公益金、法定公积金、任意公积金、未分配盈余等项目的合计，它代表全体股东共同享有的权益。净资产的多少是由股份公司经营状况决定的，股份公司的经营业绩越好，其资产增值越快，股票净值就越高，因此股东所拥有的权益也越多。

估值标准：股票净值是决定股票市场价格走向的主要根据。每股内含净资产值高而每股市价不高的股票，即市净率低的股票，其投资价值就高；相反，其投资价值就低。但在判断投资价值时，还要考虑当时的市场环境以及公司经营情况、赢利能力等因素。

适用范围：在评估高风险企业、企业资产大量为实物资产的企业时受到重视。在熊市，投资者们乐于使用市净率指标，因为这种指标更能体现股票的安全边际。

方法优点：对部分企业能寻找到安全边际。

方法缺点：部分企业会存在资产净值陷阱。有些公司的账面资产存在虚高或者大幅贬值可能，但没有在账面体现。

**3. 市销率法。**

定义：市销率是一家公司市价总值与公司主营业务收入的比值。

计算公式：市销率＝总市值÷主营业务收入。

或者：PS＝股价÷每股销售额。

估值标准：市销率越低，说明该公司股票目前的投资价值越大。收入分析是评估企业经营前景至关重要的一步。没有销售，就不可能有收益。这也是最近两年在国际资本市场新兴起来的市场比率，主要用于创业板的企业或高科技企业。比如，在 NASDAQ 市场上市的公司不要求一定有赢利业绩，因此无法用市盈率对股票投资的价值或风险进行判断，只能用该指标进行评判。同时，在国内证券市场运用这一指标来选股，可以剔除那些市盈率很低、但主营没有核心竞争力、主要依靠非经常性损益增加利润的股票。因此，该项指标既有助于考察公司收益基础的稳定性和可靠性，又能有效把握其收益的质量水平。

适用范围：适用于销售成本率较低的服务类企业，或者销售成本率趋同的传统行业的企业。

方法优点：

（1）它不会出现负值，对于亏损企业和资不抵债的企业，也可以计算出一个有意义的价值乘数。

（2）它比较稳定、可靠，不容易被操纵。

（3）收入乘数对价格政策和企业战略变化敏感，可以反映这种变化的后果。

方法缺点：

（1）不能反映成本的变化，而成本是影响企业现金流量和价值的重要因素之一。

（2）只能用于同行业对比，不同行业的市销率对比没有意义。

（3）目前上市公司关联销售较多，该指标也不能剔除关联销售的影响。

**4. 市现率法。**

计算公式：市现率＝成交价÷每股现金流量。

市现率可用于评价股票的价格水平和风险水平。市现率越大，表明上市公司的每股现金增加额越多，经营压力越小。对于参与资本运作的投资机构，市现率还意味着其运作资本的增加效率。不过，在对上市公司的经营成果进行分析时，每股的经营现金流量数据更具参考价值。

**5. 重置成本法。**

定义：重置成本法，就是在现实条件下重新购置或建造一个全新状态的评估对象，所需的全部成本减去评估对象的实体性陈旧贬值、功能性陈旧贬值和经济性陈旧贬值后的差额，以其作为评估对象现实价值的一种评估方法。

计算公式：评估价值＝重置成本－实体性贬值－功能性贬值－经济性贬值。

设备实体性贬值与重置成本之比称为实体性贬值率，功能性贬值、经济性贬值与重置成本之比称为功能性贬值率与经济性贬值率。实体性贬值率、功能性贬值率与经济性贬值率之和称为总贬值率或综合贬值率。因此有：评估价值＝重置成本×（1－综合贬值率）。评估中，通常将（1－综合贬值率）称为成新率。所以，上述公式可写成：评估价值＝重置成本×成新率。

估值标准：当公司的市价总值低于评估后的重置成本时，出现投资价值。

适用范围：适用于可复制、可再生、可重新建造和购买的，具有有形损耗和无形损耗特性的单项资产（例如房屋建筑物、各种机器设备，以及具有陈旧贬值性的技术专利、版权等无形资产），以及可重建、可购置的整体资产（例如宾馆、剧院、企业、车间等）。但是，与整体资产相关的土地不能采用重置成本法评估。

方法优点：对于股票市场的评估相对直观、简捷。对于非股票市场，如没有收益、市场上又很难找到交易参照物的评估对象（例如学校、医院、公路、桥梁、涵洞等），既无法运用收益现值法，也不能运用现行市价法进行评估，唯有应用重置成本法才是可行的。

方法缺点：

（1）市场上不易找到交易参照物的没有收益的单项资产，需要进行价值评估的并不多。因此，重置成本法在应用中有一定局限性。

（2）用重置成本法评估整体资产，需要将整体资产化整为零，变成一个个单项资产，并逐项确定重置成本、实体性陈旧贬值及无形陈旧贬值。因此，很费工费时，有时会发生重复和遗漏。

（3）无形陈旧贬值很抽象，涉及现实和未来、内部和外部许多难以估量的各种影响因素。而且，还得运用收益现值法，估测内因和外因造成的营运性陈旧贬值。

（4）运用重置成本法评估资产，很容易将无形资产漏掉。为防止评估结果不实，还应该再用收益法或市场法验证。

（5）整体资产包括固定资产、流动资产及无形资产等，其中有的根本不宜运用重置成本法。

（6）运用重置成本法进行资产评估，需要对评估对象的功能性贬值及经济性贬值作出判断。其中的超额营运成本是对买主连续性的经济惩罚，确定其造成的贬值，必须借助收益现值法计算公式。也就是说，有的评估项目只用重置成本法不行，还必须辅之以收益现值法。

**6. EV 与 EBITDA 比率法。**

定义：企业价值 EV 是衡量公司业务价值的估值指标。

计算公式：EV＝公司市值＋净负债。

估值标准：该估值指标最早是用于收购兼并的定价标准，现在已广泛用于对公司价值的评估和股票定价。这里的公司价值不是资产价值，而是指业务价值，即如果要购买一家持续经营的公司需要支付多少钱。这笔钱不仅包括对公司赢利的估值，还包括需承担的公司负债。企业价值被认为是更加市场化及准确的公司价值标准。

定义：EV/EBITDA 又称企业价值倍数，是一种被广泛使用的公司估值指标。

估值标准：EV/EBITDA 和市盈率（PE）等相对估值法指标的用法一样，其倍数相对于行业平均水平或历史水平较高，通常说明高估；较低，说明低估。不同行业或板块有不同的估值（倍数）水平。

EBITDA 就是税息折旧及摊销前利润，即未计利息、税项、折旧及摊销前的利润。EBITDA 被私人资本公司广泛使用，用以计算公司经营业绩。

净销售量−营业费用=营业利润（EBIT）

营业利润（EBIT）+折旧费用+摊销费用=EBITDA

EBITDA 主要用于衡量企业主营业务产生现金流的能力。杠杆收购的那些投资银行家们推广了 EBITDA 的使用，他们通过 EBITDA 来检测某家公司是否有能力偿还短期（1~2 年）贷款。至少，从理论上讲，EBITDA 利息覆盖率（EBITDA 除以财务费用）可以让投资者知道这家公司在再融资之后究竟是否有足够利润支付利息费用。

方法优点：EV/EBITDA 较 P/E 有明显优势。首先，由于不受所得税率的影响，使得不同国家和市场的上市公司估值更具可比性；其次，不受资本结构的影响，公司资本结构的改变不会影响到估值，同样有利于比较不同公司的估值水平；最后，排除了折旧摊销这些非现金成本的影响（现金比账面利润重要），可以更准确地反映公司价值。

方法缺点：EV/EBITDA 更适用于单一业务或子公司较少的公司的估值。如果业务复杂或合并子公司数量众多，需要做复杂调整，有可能会降低其准确性。

小王列举了诸多的公司研究与评估方法，这些方法目前被业界广泛应用。在具体到公司与股票的研究与选择方面，也的确发挥着重要作用。老何也是学习着这些方法而进入股市的，但在现实中，老何发现了诸多难以解决的实际问题。我们研究公司、评估公司价值的唯一目的是为了实战赢利，而不是为研究而研究，更不是为写报告而研究。而前面介绍过的基金经理老孙也意识到，市场中真正值得去研究的价值就是实战赢利价值。

为了寻找挖掘涨十倍股票的工具，为了寻找评估实战赢利价值的方法，我们一直在上市公司研究的道路上不断探索，下面将带给大家一些我们的研究心得。

# 大拐点理论，十倍空间的起点

前面我们已经领教了各门各派的苦恼与困惑，在寻找挖掘涨十倍股票的工具的过程中，中外投资大师各显其能，无数仁人志士苦苦寻觅那个神秘的"黑匣子"。"一招鲜"似乎总是难以永恒，而依靠现代自然科学进行模型运算的新技术派人士能否长久也是值得怀疑的。虽然老何本人也曾经对此乐此不疲，但绝大多数投资者不可能在模型的道路上走得更远。除了技术派之外，更有依赖基本分析的大师，成功者寥寥。巴菲特似乎成为一个难以超越的里程碑，而彼得·林奇之类也是不多见。此外，对于热衷心理分析与决策的大师们，老何只能钦佩并给予白眼，因为我不相信人性的稳定性，更不相信依据人性的量化决策。

为了股市的超额收益，也就是前面我们所说的十倍以上收益，投资人必须要有独特而实用的工具，而这个工具的确定必须要有一个方向与切入点。这个切入点必须使绝大多数投资者（普通文化素质的投资者）都可以领悟与接受，那才是一种真正有效的切入点。这个切入点还要能够寻找到绝大多数的优质公司（能带给投资者超额收益的公司）。在具体十倍收益的切入点方面，我们经过多年的实践与研究，最终得出结论：我们相信基本面，而且我们只相信公司的基本面。

通过一个比喻可以让大家充分了解我们的结论。我们都知道，一个人是因为可爱而美丽，而不是因为美丽而可爱。相比之下，技术面的逻辑是，因为美丽而可爱，美丽的图形（身段），美妙的指标（神态），美仑的波动（言笑）；基本面的逻辑是，因为可爱而美丽，可爱的价值（心灵），可喜的价格（为人），可期的长久（相交）。基本面的研究方法可以相对永恒，它是对价值与价格的分析与判断，唯一的变化在于不同的时代有不同的市场需求与价值观。

公司基本面就是那个切入点。在切入公司基本面之后，寻找到公司基本面之中最重要的拐点基因（或者可以说是上涨基因）更加重要。

本节内容就是要带领大家开启大拐点理论，也就是**从切入公司基本面入手，以寻找拐点基因为手段，以实现上涨赢利为目标**。掌握了大拐点理论，就有望掌握挖掘不断长期上涨的股票的方法，就有望打开通往十倍收益道路的大门。

中国股市运行已有 20 多年，有的投资者已经取得很大成功，有的还在探索，我们的研究结论也有来自那些成功者的启发与提示。

需要提醒的是，即便大家都普遍领悟与接受了大拐点理论，也还是只有少部分投资者最终成为十倍收益的实现者，大多数人依然仅仅是过客，因为实现比领悟更加困难。

# 大拐点理论的渊源

关于大拐点理论的构思，已经有很长时间了。一次讲课的经历让我萌生了去探索这一理论的想法。

记得十年前，有一次在外面讲课。一位女士跟我提了一个问题：何老师，我买股票，要买就只买能涨十倍的股票。你给我说两只吧！我听课可就是冲这个来的。

老何（当时应该还是小何）短暂地诧然……但仔细想想，难道不对吗？涨十倍的股票其实一直是我们的最大追求，也是我们的核心研究目标。难得这样一位女士有如此的胸怀，但愿她不仅仅是贪婪。随后了解，她还真不是贪婪。她讲，进股市就是为了暴利而来，但她不喜欢短线追涨杀跌，疲于奔命，希望在专家的指导下找到一两只真正的长线好股票，长期持有，最终获取超额收益。

在当时，老何的大拐点理论尚未成型，但中华股宝的思想已经根深蒂固。所以，我给这位长相不算靓丽的女士推荐了我心目中最性感的公司：贵州茅台、云南白药。时间是 2001 年的冬季，那个很寒冷的冬季。后面的事情大家想要知道只好去问问那位女士了。再后面呢？老何一直致力于研究大拐点理论，也才有了目前的阶段性心得。

现实中的诸多烦恼让我们不得不去寻找新的突破。技术刘有烦恼，心理大师在流泪，基金经理也在惆怅，众多的国内小投资者更是没有方向。我们怎么办？前面已经说过，我们的切入点就是基本分析。是的，依靠基本分析。但基本面的分析庞杂，有宏观基本面分析、行业基本面分析、公司基本面分析，所有都依靠吗？老何的意见是，重点是公司研究。当然，**在研究公司基本面的时候，离不开行业，也离不开整体经济发展的脉络，但宏观分析、行业分析只是公司研究的辅助与附属，绝不是什么单独有意义的东西。**

这位读者可能会说，搞公司研究的人很多，没什么新鲜。是啊，研究报告满天飞，价值投资满嘴喊。但老何同志还是想有所不同，哪怕错了也是要突破，要创新。投资者也好，研究者也好，如果想真正走进公司研究的天堂，就需要不断创新。即便天堂之外，也还会有天堂。

我们的宗旨是，让投资者在实战中享受到实实在在的公司研究成果，我们所研究的任何一项公司价值成果，都要有极高的实战价值、赢利价值。否则，报告再专业，文字再华丽，也是一文不值的。

我们认为，**涨十倍的股票一定来自公司基本面出现重大拐点的公司。没有公司基本面的重大拐点，就没有业绩爆发，没有高成长性，没有投资主题，没有想象空间，当然也就没有十倍收益的预期。**

请带着一份梦想，坚定地与我们一起走进公司基本面研究的新天地。

 **全优公司实战价值评估体系**

现在，将我们的目光聚焦在上市公司基本面的研究上。用什么样的具体方法才能真正研究出具有涨十倍空间的优秀公司？前面所提的大拐点理论又是何方神圣？

在我们尊重国际投资大师思想与理念的同时，在我们尊重国内大机构熟练运用传统估值手段评估公司价值的时候，我们也在忠告自己，真正的好公司，不仅仅是数据评选出来的，不仅仅是财务报表评估出来的，还要有一个更加完整的、科学的评估体系。这个体系需要囊括涉及公司基本面的各个角度与层面。道德与历史、品牌与壁垒、专业与专注、成长与持续等，都是我们所关注的，也是需要我们去评估的。只有科学、全面地去评估，才能发现真正的好公司。

但这样还是不能让我们满意，我们认为，在上述评估基础上，只有重点找出公司基本面之中的核心爆发点（我们称之为大拐点），才能发现其中的实战赢利价值。如果没有大拐点出现，只有基本的投资价值，则就等同于没有实战赢利价值。所以，全面、科学的实战价值评估体系还需要包括大拐点的评估，这样才能全面、科学地评估出既有长线投资价值，又有实战赢利价值的公司，而不是空谈长线价值、长期持有。

投资的真谛是为了快乐，而快乐一定是建立在实战赢利的基础上，一定是建立在相对高效的实战效果上，而不是久久不见"动静"。事实上，只有大拐点才能解决这个"动静"的快慢问题。通过评估体系，可以顺利地寻找到我们心目中涨十倍的公司标的。

我们称这个体系为**全优公司实战价值评估体系（简称全优体系）**，而大拐点理论就是这个体系的核心部分。

**全优公司实战价值评估体系如下：**

- **道德评估：公司大股东以及实际控制人的道德水准评估**

    **公司诚信评估**

    **公司的企业文化评估**

    **公司产品或服务对于人类社会的贡献与影响度评估**

    **公司法律规范性评估**

公司社会责任评估

- **历史评估**：公司发展历程评估（演变历史、股东变化等）

公司历史上重大事件评估

公司收入与利润历史评估

公司发展稳定性评估

- **品牌评估**：公司业务门槛与壁垒性评估

公司品牌价值评估

- **简单性评估**：公司业务大众化、简单化、透明化评估

- **专注性评估**：公司主业专注性评估

公司主业专业性评估

- **回报评估**：公司分红回报评估

公司资产、资金效率评估

公司资产收益率评估

公司股票价格表现评估

- **成长性评估**：公司未来预期业绩（收入与利润）成长性评估

- **持久性评估**：公司未来可持续生存与发展评估

- **重大拐点评估**：公司正在或即将开始加速成长

上述九大评估体系构成完整的上市公司基本面价值评估体系，也就是全优公司实战价值评估体系。具体到上述体系中每一项的内容还有很多细分项目，但大多是很简单的，也是很成熟的，这里不做介绍。

在现实中，值得长期看好的公司，能为你长期带来收益的公司，必须要符合前面所说的九大条件。那就是：公司必须是有道德、讲诚信的；公司必须是有长久历史的；公司必须是有品牌的；公司业务必须是简单的、大众的、透明的；公司必须专注于某一领域，而且是该领域的专业权威；公司必须是重回报而且能回报股东的；公司必须是

能够不断成长的；公司必须是能够恒久生存的；公司正在或即将开始加速成长。这九大条件大多数都有相对成熟的评估方法，在本书中，我们将不去重点讨论它们。

我们认为，**如果基于涨十倍的预期，如果基于实战赢利的预期，重大拐点以及公司成长性的评估是最为困难而且重要的。而就某一阶段而言，成长性的到来必须要有拐点作为前提条件，没有出现重大的向上的公司基本面拐点，何来向上的成长？所以，重大拐点评估是重中之重。**

我们将专门针对全优公司实战价值评估体系的重大拐点这一条件的评估理念与方法统一称为"大拐点理论"。这就是本书的核心所在。

在此，我们还想提醒读者以下几点：

第一，大师们的思想与原则值得我们学习，永远地学习。他们的很多思想与奇迹是我们难以复制的，尤其是涉及实战方面的心态与人性，没有任何可以复制的可能性。

第二，我们，包括你我，无论对前辈的思想与理念有多么深刻的理解，都无法成为你获利的真实武器。我们必须有自己独特与实用的思想、理念与做法，更要有自己的投资性格。

第三，在具体的实战中，无论拥有什么样的心态、理念与方法，我们都需要寻找到价值低估、有巨大升值潜力的公司。这是获利的核心所在，也是获取暴利的前提。

第四，价值低估绝非我们的最终追求，在单纯的价值低估之中，有相当一部分公司仅仅是被动上涨，简单的价值回归。而这显然不可能是我们要追求的暴利所在。**我们要寻找不但价值被低估，而且公司基本面已经或即将出现重大向好变化的公司，这样的公司才具有更强的上涨动力。这种更强上涨动力的价值就是实战赢利价值。**

第五，大拐点理论是我们认为具有动态价值、实战价值、暴利价值的公司价值研究理论，也是最具生命力的公司研究方法，更是一套最现实的投资获利方法。大拐点理论不但可以让大家寻找到前面讲的具有实战赢利价值的公司，还可以有效解决（而不仅仅是明白）并寻找到符合前面所讲的长期看好公司所必备九大条件之中最艰难的条件：公司正在或即将开始加速成长。这才是公司研究的重中之重。

在后面的内容之中，我们不会全面讨论长线看好公司的全部九大前提条件，而是集中探讨大拐点理论。本书的后面篇章将重点介绍大拐点理论，并运用大拐点理论重点讨论并量化出我们心目中最优秀的公司，寻找到最具上涨价值、赢利价值的可实战上市公司，为广大投资者提供一套全新的实战研究方法以及研究心得。

 ## 定义大拐点理论

任何投资者，在股市之中的最高追求一定是持有一只股价长期稳定上涨的股票。股价的长期、持续上涨，从本质上讲一定来自于公司基本面的不断向好变化，而这种变化最终将反映为公司业绩巨大、持续向好的变化，这种变化（由不好转向好，由好转向更好）迹象十分明显或者刚刚开始出现的时候，就是公司基本面的大拐点。一旦基本面大拐点诞生，股价的拐点也将在此稍前或稍后诞生。

所以，如果投资者可以捕捉到基本面出现重大拐点的上市公司，也就意味着寻找到了具有巨大、持续上涨潜力的股票，有望获取超额收益的股价买入点也将随之出现，从此踏上快乐的赢利征程……

**我们将研究、寻找上市公司基本面大拐点的思想、理念、方法以及操作模式一并称为大拐点理论。而这个理论正好可以解决我们前面提到的全优公司实战价值评估体系之中最难解决的评估条件：公司正**

在或即将开始加速成长。这个问题的解决将为涨十倍股票的选择打开胜利之门。

我们已经进入了本书的核心部分，即将在快乐中开始了解大拐点理论：

介绍大拐点上市公司的鉴别与分类，以帮助我们寻找到适合投资的最佳股票群体；

奉献大拐点股票翻番公式，以帮助我们寻找到这个群体之中上涨空间最大、上涨动力最强的股票；

寻找大拐点股票最佳买点，以帮助我们寻找到最安全、最高效、最具实战性的买入价格；

构建大拐点股票最佳仓位，包括具体的大拐点股票买卖仓位以及平衡风险与收益的最佳的管理模式。

# 第二章
# 大拐点上市公司的
# 鉴别与分类

综合来看，如果我们的终极目标是寻找涨十倍的公司，那么，我们的主要着眼点就要放在消费升级拐点类型公司上，尤其是在此基础上，还具备内含能量爆发的上市公司。

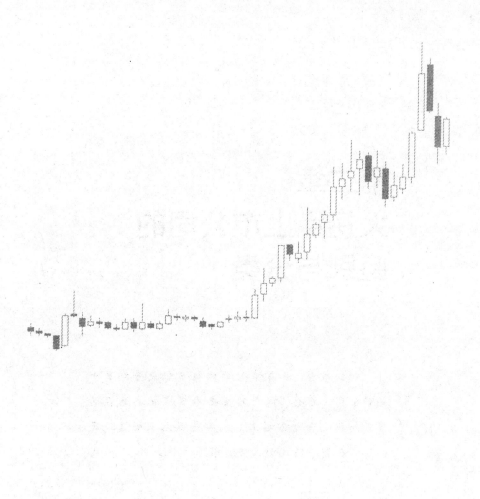

如果想顺利走进大拐点理论的殿堂，首先要具备鉴别与寻找具有大拐点特征股票的能力。如何寻找？本章将就此进行详细的探讨。

　　我们发现，有些具有大拐点特征的公司是很容易发现的，但有些公司则有一定难度，而其中的难度也正是我们的机会与乐趣所在。

　　具体而言，我们将大拐点公司分为四大主要类型，分别为周期性行业拐点、消费升级拐点、内含能量拐点、质变式重组拐点。另外，还有政策性拐点作为补充。

# 最简单的公司拐点——周期性行业拐点

在各种大拐点类型股票中，周期性行业类型的大拐点公司属于最简单的大拐点类型公司，最容易被投资人发现。正常情况下，散户投资者都可以轻松鉴别。

## 周期性行业的鉴别

老张进入股市已经七八年，虽然还称不上很专业，但对于周期性股票是情有独钟，因为入市后他的几次重大获利机会都是在周期性股票上面体现的。而周期性股票其实就是最简单也是最典型的大拐点特征股票之一。老张关于周期性股票的说法已经很专业，我们不妨听听：

• 周期性行业的定义：以经济周期为基础的某些产业具有好坏周期的循环，具有这样周期的行业为周期性行业，相关公司为周期性公司。

• 周期性行业行业向上的大周期初期为买点，而一旦到达行业周期顶峰为卖点。

• 典型周期性行业包括钢铁、煤炭、有色、石油化工、航空、海运、建材、机械、电力、房地产、银行、证券、电信、汽车等。

• 监测指标：可以以行业或者公司销售收入环比或者同比来监测拐点。销售收入连续三个季度环比增长超过20%或者同比超过30%，则意味着拐点来临。

依据上述老张的说法,甚至看看身边以及社会上的公开报道,一般而言,就应该可以很容易寻找到具有周期性特征的大拐点产业以及公司。

# 成也萧何,败也萧何

在现实中,其实不仅仅是老张这样的散户投资者熟悉周期性公司,在周期性股票上赚过钱,有些大户投资者也往往喜欢投资周期性行业的公司。为什么?因为在市场中,周期性行业公司往往数量庞大,业绩又经常有巨大的波动,很容易吸引眼球。

你看,满腹经纶、财富丰厚的京城某知名大学的赵教授自从进入股市,就一直偏爱投资周期性行业公司。他的道理很简单:我看得懂这些行业的公司,也很容易算得清楚这些公司的业绩,买得放心。

比如,2005 年赵教授感觉中国股市历史大底快要到了,证券市场有望复苏,全力投入资金买入证券行业的龙头公司<u>中信证券</u>。因为证券行业与股市牛熊息息相关,存在明显的周期性,而 2005 年为证券行业业绩拐点年份,的确为买入信号。直到 2007 年,证券行业的向下拐点才出现,行业业绩达到顶峰,也随之出现了卖出信号(见图1)。当然,赵教授在此过程中获利匪浅。

在成功投资<u>中信证券</u>之后,赵教授踌躇满志。在 2008 年 10 月"四万亿"重大利好出台之后,赵教授认为中国经济再次腾飞在即,在 2009 年上半年重仓买入了感觉跌了很多的、曾经的大绩优股<u>中国远洋</u>。让我们看看<u>中国远洋</u>近几年的业绩记录吧:

每股收益:

2007 年　　　　2.05 元

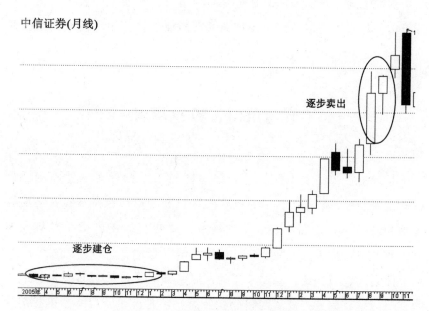

图1  大周期历史案例：中信证券

| 2008 年 | 1.06 元 |
| 2009 年 | -0.74 元 |
| 2010 年 | 0.66 元 |
| 2011 年 | -1.02 元 |

从航运行业周期性历史分析上看，世界经济运行存在 9 ~ 10 年的中周期波动规律，经济周期复苏时期，GDP 开始处于增长状态，需求旺盛，航运繁忙；反之，则开始下降。

2003 年为航运行业业绩拐点年份，为买入信号。2007 年为航运行业公司业绩顶峰时期，市盈率处于超低水平，为卖出信号，而且"四万亿"政策绝非经济再次步入繁荣的实质信号。赵教授误判形势，在经济并非处于大上升周期时，买入典型的周期性航运股，最后损失惨重，割肉出局（见图2）。

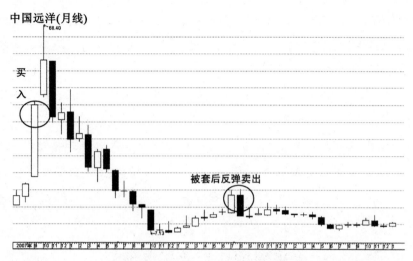

图 2　大周期历史案例：中国远洋

　　一前一后，两次在周期性股票上的重仓投入，结果是大相径庭，一赚一赔。怪不得赵教授一见我就长叹：成也萧何，败也萧何！

　　可见，周期性行业可以投资，但不是任何时候都可以去关注。如何掌握好节奏呢？

 # 对周期性行业拐点的特别忠告

　　老何认为，周期性行业公司本身是大拐点类型公司中的一类，值得关注，但在实战中需要注意以下几点：

　　1. 必须在周期性行业出现重大的向上周期性拐点的时候才可以投资这类公司，比如前面说的赵教授投资中信证券。在经济不景气或者不明朗的时候不可以去投资相关公司。

2. 某些小产业的周期或许不跟随大产业同步运动，受行业政策等影响较大。比如中国的稀土行业，本身没有完全跟随有色等大产业波动，在2009—2011年出现了稀土小行业的自身重大向上周期，**包钢稀土**就是其中的代表性公司。

3. 投资周期性行业公司，如果能融入购并重组的主题，则更具魅力。周期性行业往往是传统行业居多，购并重组很容易发生。一旦行业自身出现向上重大拐点，同时又有购并整合题材出现，则公司基本面的变化就显得更加巨大。随之，在二级市场的股价表现将更加出色。比如**广晟有色**，该公司就是经过重组而成为稀土公司的。

 # 未来周期性行业拐点预测

进入2012年之后，虽然经济尚未见底，但宏观经济软着陆的时间不会很久，大周期性行业也必将随着经济的逐步复苏而渐渐好转。钢铁会不会开始涨价？有色，尤其是小品种有色是不是已经在拐点之右？航运会不会兴旺？股市，如果预期之中的大牛市拐点已经来临，牛市已经在路上，那么，证券行业是不是再次步入拐点呢？电力公司一直在亏损，提价已经势在必行，最终电力行业的市场化进程必将越来越快。我们预期，电力行业的大拐点也将要到来。再看电信业，三大电信运营商整合之后，随着网络建设的完善，随着用户数量的激增，赢利临界点已经到来，一个步入长期稳定收益的大拐点已经不容置疑。

对于周期性行业我们最看好什么？答案是：**稀缺有色品种（稀土、钨、锑、钼等）、电力（尤其是水电）、电信（这个行业兼具大消费产业特征）、证券。**

但就总体而言，我们对周期性拐点类公司一直是相对看淡的，除了个别同时具备中华股宝特征的品种，如<u>包钢稀土</u>之类，以及兼具大消费产业之类的电信公司。那么，我们更看好什么类型的大拐点公司呢？让我们继续寻找。

# 最持久的公司拐点——消费升级拐点

人，只要生活就离不开消费，衣食住行处处在消费。但在不同时期，人们的消费取向是不同的。老何今天送你收音机、缝纫机之类的做礼物，你一定不会高兴；送你 iPhone、iPad，你一定很兴奋。为什么？聪明的人才会问为什么。下面就让我们看看以消费升级为主要特征的大拐点公司如何寻找。

## 从产业革命中寻找消费升级大拐点

老何认识的人五花八门，朋友圈里面的人似乎都跟股票有联系。

在国外学金融出身的张市长对股票很有兴趣，但碍于职位，不能亲自炒股，业余时间就做些研究。老张也经常与我进行交流，尤其在寻找大消费拐点类公司方面，他还是很有心得的。

张市长的思路是从世界科技革命的历程上去寻找。科技革命，一般是指由于科学技术上的重大突破，使国民经济的产业结构发生重大变化，进而使经济、社会等各方面出现崭新面貌。那我们就先看看人类已经走过的科技革命历程：

第一次产业革命：机器代替手工。

一系列纺织机器动力的发明，瓦特改良蒸汽机（1785年），富尔顿发明轮船（1807年），史蒂芬森发明蒸汽机车（1814年）。

第二次产业革命：电气化时代到来。

电力的广泛应用，西门子发明发电机（1861年），格拉姆发明电动机（1873年），卡尔·本茨发明内燃机驱动的汽车（1886年），莱特兄弟发明飞机（1903年），贝尔发明电话（1876年），马可尼发明无线电报（1896年）。

第三次产业革命：信息化时代到来。

以原子能技术、航天技术、电子计算机的应用为代表，包括人工合成材料、分子生物学和遗传工程等高新技术。

在上述三大产业革命之中，每一次产业革命都会给人类社会带来实质性的影响，改变人们的生活方式，激发人们新的消费需求。在上述三次产业革命初期，如果能够及时跟上每一次产业革命的步伐，也就是捕捉到了产业萌动的拐点，投资人就会获取丰厚收益。而目前已经到了第四次产业革命初期，如果能够准确地把握未来社会科技进步的方向以及人类需求的方向，投资者就有希望分享到未来科技革命所带来的大消费升级红利。

# 定义第四次产业革命

张市长推脱事务繁忙，那就由老何同志斗胆定义一下第四次产业革命。

第四次产业革命应该具有以下特征：

• 智能社会的到来，注重社会生活的快乐、便捷、高效。我们可以寻找到与移动互联、物联网、三网融合以及大数据、大计算等相关的产业与公司，也可以找到智能制造这样的产业。有些公司提供设备与技术，而我们更看重那些为终端消费者提供直接服务的公司，在服务的过程中，使人们能够享受到精神领域的快乐、文化领域的多彩、家居生活的舒适与便捷等。

• 健康社会的到来，注重低碳生活，关注健康，延续生命。我们可以寻找到与生物医药、现代医疗服务、高科技保健产品、新能源交通工具（电动汽车、高铁等）等相关的产业与公司。其中的优秀公司将提供给人们健康的生活环境，重大疾病预防及治疗的产品与服务。

所以，第四次产业革命将以智能终端的出现为标志，将以重大疾病的治愈为标志，将以全新能源的诞生并服务于生活为标志。

在上述背景下，能为智能、健康社会做出巨大贡献的优秀公司必将成为市场追捧的热点，投资这样的公司也必将获取超额收益。

# 由中国股市历程寻找消费升级大拐点

张市长有海外背景，所以从世界产业革命的历程中来寻找未来的大消费升级拐点公司。而我认识的另一位高人李大学者则是土生土长的本土知名教授。他寻找大消费拐点类公司的思路是从中国股市的历程上寻找。

他认为，中国股市历经三大牛市，从中可以发现一个规律——每一轮牛市均由消费升级所支撑与引领。那么，下一轮大牛市，也就是即将到来的新一轮牛市，也必将由新的消费需求所引发。

### 中国股市第一次消费浪潮

1996—1997 年家电消费浪潮，家电消费一度是中国人的梦想，在此阶段，家电的全面消费升级白热化。

代表性公司：<u>四川长虹</u>、<u>青岛海尔</u>、<u>江苏春兰</u>（见图 3）、<u>格力电器</u>。

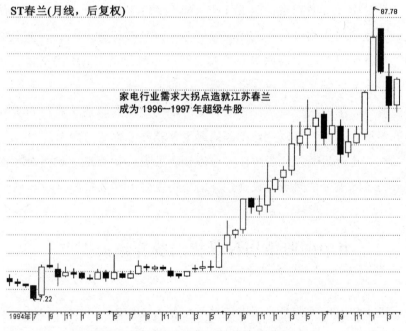

ST春兰(月线，后复权)

87.78

家电行业需求大拐点造就江苏春兰
成为 1996—1997 年超级牛股

7.22

1994年

图 3 消费升级历史案例：江苏春兰（现名 ST 春兰）

### 中国股市第二次消费浪潮

1998—2001 年网络科技消费浪潮，自此，网络走进我们的生活，人们无法离开网络。

代表性公司：<u>海虹控股</u>、<u>清华同方</u>（见图 4）、<u>东大阿派</u>、<u>中兴通讯</u>。

同方股份(月线，后复权)

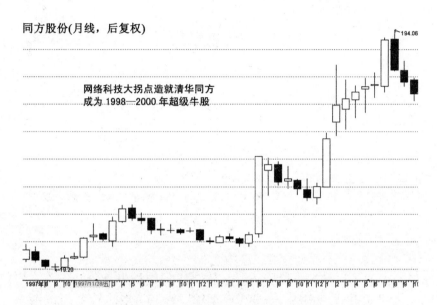

网络科技大拐点造就清华同方
成为 1998—2000 年超级牛股

194.06

19.20

1997年8 月 10 1997/11/28云 12 1 2 3 4 5 6 7 8 9 10 11 12 1 2 3 4 5 6 7 8 9 10 11 12 1 2 3 4 5 6 7 8 9 10

图 4　消费升级历史案例：清华同方（现名同方股份）

### 中国股市第三次消费浪潮

2005—2007 年高端消费浪潮，黄金、房产、汽车等中国式高端消费品受到前所未有的追捧。

代表性公司：<u>贵州茅台</u>、<u>云南白药</u>、<u>山东黄金</u>、<u>万科</u>（见图 5）。

你别说，经过李大学者这样一梳理，还真是很有道理。每每中国股市牛市来临，都是不经意间伴随着一次次大消费浪潮，那么，下一次大牛市也必将一脉相承。

### 迎接中国股市第四次消费浪潮

这次李大学者谦虚了，一定要让我来定义一下中国股市的第四

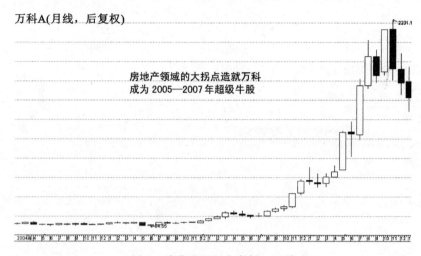

万科A(月线，后复权)

房地产领域的大拐点造就万科
成为 2005—2007 年超级牛股

图 5　消费升级历史案例：万科

次消费浪潮是什么。老何想了想，结合中国的国情现状，定义中国
股市第四次消费浪潮为——2010—2040 年，30 年的转型经济消费
浪潮。

在中国，主要消费群体在解决了穿衣、吃饭、住房、驾车之后，
新的追求就一定是便捷、高效的生活方式，健康快乐的生活质量。

• 新科网，包括智能电子消费品、智能娱乐服务、物联网、三网
融合、智能电网、连锁网络、移动互联网、智能制造、尖端军工技
术。注意，尖端军工技术也是属于大消费升级领域，因为尖端军工技
术一旦诞生，首先国家层面将大量"消费"，而最终，相关尖端技术
还会在民用产品上得到广泛应用。

• 大健康，包括重大疾病的治疗方法以及药物、健康保健产业、
医疗服务等。

• 新环境，包括新能源汽车以及相关新材料等。

未来 30 年，中国经济将由以前的粗放式增长演变为科技型增长。以基础设施建设为重心的增长模式将转变为以发展现代服务、高科技技术等新兴战略产业为重心，相关的公司也必将受益无穷。

中国经济已经融入世界，第四次消费浪潮最终一定与第四次产业科技革命出现共振，与世界浪潮殊途同归。结合全球第四次科技革命，结合中国经济产业转型，结合中国股市特点（购并、重组、整合），我们认为，以智能、健康为核心，以消费升级为目的的科技革命必将成为未来中国股市新一轮大牛市的主要支撑与看点，新牛市的领涨股也必将一脉相承。

##  新一代消费升级大拐点代表性公司

想着未来大牛市的壮观，想着未来中国新消费浪潮的澎湃，老何看好的新消费升级拐点类公司那是相当多。这里通过几家典型公司，让大家具体领略一下新一代大消费浪潮的精彩预演。

### 代表之一，大智能领域之新网络龙头中国电信

中国联通也同样看好，但看淡曾经过分垄断市场、已经透支未来的中国移动。

对于中国电信（见图 6）、中国联通一类公司的看好，逻辑很简单，未来三网融合之后，作为拥有用户群体最大、网络最健全的全业务类公司，任何形式的网络通讯、交流与娱乐，任何形式的网络支付与服务，都离不开三大运营商。未来的三网融合、物联网等都离不开三大运营商的最基本支持。

中国电信要是放在几年前，我是看也不会看一眼的。跟网通一

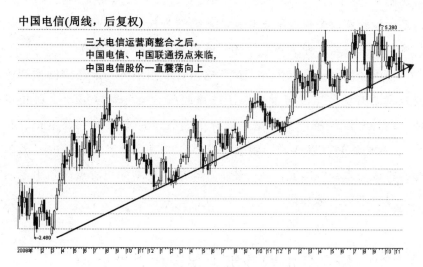

图6　中国电信

样，搞搞市话什么的，没有潜力。但三大运营商整合后就不一样了，一是服务，二是业务，三是营销。中国电信的服务质量是三大电信运营商中最好的，这个大家自己可以去体会，老何就是电信的用户，深有感触啊。业务呢，目前与联通、移动是同样的项目，大家都站在同一起跑线上。而且，至少到目前为止，大家虽然都在大力开展3G项目，但其独有的CDMA仍然是最环保绿色的通话通道，连3G目前还都是高辐射通话。不信啊，你去试试就知道了。而电信的天翼3G无线上网卡也是三大运营商之中最好的，我的朋友们都在使用。

至于营销，我也觉得是电信最好，很灵活，很有号召力。作为它的用户，我赞美她；作为她的投资者，我喜欢她。目前拥有巨大用户群体，而且潜力不断膨胀，业务也面临重大拐点的中国电信，我的评估是五倍空间。这是我亲身体验了中国电信之后的答案。

### 代表之二，新能源汽车龙头福田汽车

由于内需的增加，汽车行业在 2009 年开始再次步入高增长状态，在行业总体向好的前提下，我们看好国内商用车的龙头公司福田汽车（见图 7）。看好该公司的理由是：

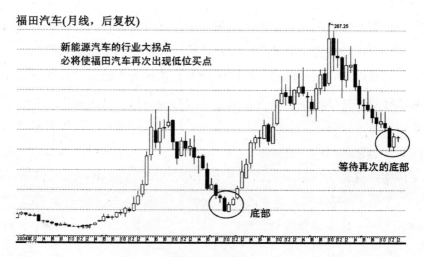

**福田汽车(月线，后复权)**

新能源汽车的行业大拐点
必将使福田汽车再次出现低位买点

207.25

等待再次的底部

底部

图 7 福田汽车

第一，公司的管理层强大、有远见、卓越。

第二，公司成长迅速，在短短几年之中，不但在国内成为商用车龙头，重卡、轻卡、客车国内主要生产商之一，而且在国际上开始显现实力。另外，公司基本面更加巨大的拐点正在形成。

的确，时至今日，公司已经成为世界级商用车巨头，是国内少有的可以称为世界级企业的公司。连奔驰与之合资都要以现金入股，福田之实力可见一斑。公司目前已经完成全球的产业布局，拥有世界上同类公司无与伦比的技术整合、标准制定能力。同时，公司的产品价

格竞争力在全球突出。公司的最大看点在于，在新能源汽车领域未来潜力巨大，先发优势以及行业整合能力突出。

### 代表之三，大健康领域医疗服务市场化先行者通策医疗

作为市场中少有的医疗服务投资类公司，其公司的核心价值如下：

公司是国内绝无仅有的医疗服务投资管理型公司。中国进入老龄化社会，大健康将是未来中国最具成长潜力、市场需求最大的领域之一。对比国内、国际市场，中国医疗服务领域潜力巨大。公司核心企业全部以老字号公立医院为基础，并计划参与国内全部省市的医疗机构改革试点。以强大金融资本作为发展后盾，以良好激励机制打造有效管理与服务团队，小市值，大行业，这就是未来的潜力。而公司最好的榜样就是美国最大的医院集团 HCA，最高峰曾经达到 463 家医院，730 亿美元市值。通策医疗（见图 8）即便不能完全复制 HCA 的辉煌，但十倍空间并非是梦想。

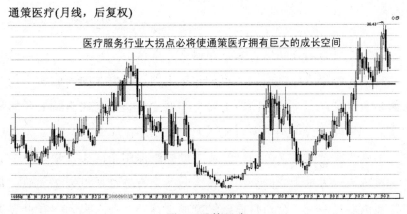

图 8　通策医疗

**代表之四，大健康领域中华股宝至尊公司同仁堂**

对于同仁堂的认识一直是有争议的。看好的人一直是认可同仁堂的品牌与声誉；看淡的人认为公司上市后多年没有实质性起色，发展很缓慢，而分拆同仁堂科技去香港上市更是画蛇添足，甚至是流失国有资产。我们也的确反对公司的香港上市动作，百害而无一利，也就是几名高管多了很多股权而已，少部分人借机拿到了一些海外资源。但即便如此不好的背景下，在 2010 年下半年，我们再次全新地认识了同仁堂。

凝聚东方哲学，传承中华精髓。同仁堂是最具中华文化代表意义的上市公司。

中华大国崛起，唯有民族产业。以大健康为核心的中医药大健康产业龙头同仁堂是最适合担当振兴民族产业大任的上市公司。

纵观世界脉络，消费朝阳永续。消费也是永远的非周期性的可持续发展最明确的领域。同仁堂是最典型的优秀大消费类的上市公司。

健康价比天高，医保浩瀚无边。在大消费领域，未来大健康产业最具影响力与发展潜力，具有无可估量的市场潜力。同仁堂是中国大健康产业最具代表性的上市公司。

罕见药保商医，科技锦上添花。在大健康产业，同仁堂是唯一将药材、药品、高档保健品、医药商业、医馆医院凝聚为一身的公司。

资本神威助力，一统江湖天下。同仁堂将成为北京市唯一有望在轻型工业领域脱颖而出的民族旗帜（重工业已不适合北京）。而同仁堂集团还有众多优质资产没有通过证券化进入在 A 股上市的同仁堂股份公司，未来想象空间巨大。

对比国酒贵州茅台，国药同仁堂十倍胜出。白酒与大健康相比，哪一个更具潜力？哪一个更有广阔市场？哪一个更有政策支持？哪一个更符合国家与产业方向？哪一个更有科技含量？哪一个更能代表中

华文明？不言而喻！是 200 元的国酒贵州茅台有价值，还是十几元的
国药同仁堂（见图 9）有价值？相信今后市场会给出答案。

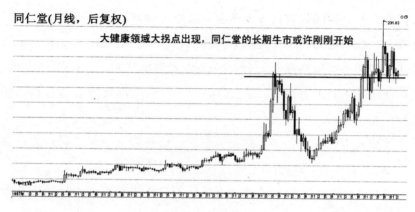

图 9　同仁堂

 **未来全球股市最有潜力的股票群体**

　　老何非常看好未来重大疾病治疗领域的重大投资机会，具体而
言，就是看好生物医药产业。但寻找起具体的公司来，还是颇有难
度的。

　　记得比尔·盖茨也曾经讲过，下一个世界首富一定是来自于生物
技术领域的创新者。在西方世界，已经有一些生物技术公司创造了财
富神话。

　　比如，2007 年 11 月 14 日新 Abraxis 生命科学公司分拆上市当日，
股价暴涨 3814 倍，展示了资本市场的神奇。Abraxis 生命科学是一个
完全整合的生物技术公司，致力于提供渐进式疗法与核心技术，提供
更安全和更有效的治疗癌症和其他疾病的关键。Abraxis 产品组合包括

世界首次，也是唯一以蛋白质为基础的化疗纳米复合（Abraxane），这是基于 Abraxis 公司专有的被称为"nba"的肿瘤靶向系统技术平台。

又比如，Dendreon 作为最具有代表性的治疗性疫苗研发企业，自2003 年开始 Provenge Ⅲ期临床试验以来，市场一直对其上市进展给予高度关注，公司股价变化也与 Provenge 的研发进程高度相关。自 2009年以来，Dendreon 股价一路走高，2010 年 4 月 29 日 Provenge 正式获批，其股价在随后也一举突破 50 美元，总市值也超过 50 亿美元，而迄今为止，Dendreon 公司仍然亏损。

此外，辉瑞、罗氏、基因泰克、默克、施贵宝、先灵葆雅等一些医药类公司，虽然不见得总有短期暴利的表现，但其长期回报率都是十分惊人。

在中国股市，也曾经上演了很多生物技术神话甚至闹剧。但无论是神话，还是闹剧，都使生物技术走进了人们的视野，开始备受市场的关注。从岳阳兴长的胃病疫苗、重庆啤酒的治疗性乙肝疫苗，再到华神集团治疗肝癌的靶向单克隆利卡汀以及正在研制的江苏吴中（国家一类生物抗癌新药重组人血管内皮抑素注射液）、海欣股份（自主研发国家一类新药抗原致敏的人树突状细胞 APDC），包括很多人寄予重大期望的中源协和（中源干细胞），在重大疾病治疗领域，在延长人类寿命领域，很多科学家、很多公司在不懈努力。虽然，目前成果尚小，但未来前景依旧可期。中国的生物技术并不落后，人类的需求如此旺盛与强烈，这就是基础，这就是动力。

在对上述公司如中源协和、海欣股份（见图 10）等继续保持关注的同时，我们也长期看好天坛生物及其大股东中生集团的长期可持续发展实力以及有可能在某些领域的重大突破潜力。

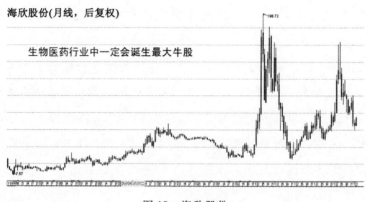

图 10　海欣股份

# 最具爆发力的公司拐点
## ——内含能量拐点

除了周期性行业拐点类型公司、消费升级拐点类型公司外，真正的投资大师还喜欢一类更加有魅力的大拐点类型公司。其实这是一种在消费升级拐点类型公司基础上演变的大拐点类型公司，或者说条件更加严格的消费升级拐点类公司。如何定义呢？如何识别呢？

我们称这类公司为公司内含能量爆发大消费拐点公司。下面就请久未露面的蓝婧（老何最得意的学生）为大家说一说公司内含能量拐点的主要特征，以便大家识别。

# 内含能量最具爆发力

蓝婧结合老何的理论以及自身的研究体会，总结了比普通大消费升级拐点类公司更具魅力、更具潜力的内含能量拐点类型公司的如下特征：

● 条件一：已经符合消费升级拐点特征。

● 条件二：拥有世界级独特技术或产品，或者正在研制世界级重大技术并有极大成功可能，或者拥有世界级独特品牌或者在国内拥有很强技术实力、市场资源。

● 条件三：具有重大预期事件：

**1.** 大股东拥有与公司主业相近的优质资产。

**2.** 大股东与公司有同业竞争嫌疑。

**3.** 股权激励或其他有效激励制度。

**4.** 出现重大技术突破征兆。

**5.** 已有创新项目的巨资投入。

**6.** 重大创新型经营领域拓展。

**7.** 重大人员向好变动。

**8.** 股权发生变化或者有战略投资者进入。

**9.** 股权分散，公司具有很好的利用或改造价值，且在同行业中有极强的购并整合预期。

**10.** 公司存在严重人为低估迹象。

挖掘符合内含能量拐点类型的公司，首先是在已经符合消费升级拐点特征的公司里面寻找，这是一个前提。在这个很好的基础上，如果公司还有诸多的"催化剂"，公司就会充满内在能量，随时可能喷发。而这个"催化剂"就是前面讲的 10 个重大预期事件，这些事件都是促使公司向有利于公司出现重大变化方向发展的重要因素。如果有 5 条预期事件同时出现，那么，"催化剂"的分量就足够了。这样的公司就要比普通的消费升级拐点特征公司更加具有爆发力，或者爆发的时间要早，或者爆发的持久力要强。

这样的公司当然更加受到我们的喜爱与关注。为了让大家更好地理解其中的道理，下面再请蓝婧将自身的一些研究与实战经历讲给大家听。

# 三大经典，魅力无限

蓝婧带给大家她自己亲身经历的三大经典案例。具体如下：

### 实战案例：云南白药

云南白药其实是中国家喻户晓的公司与产品。对于该公司，蓝婧很早的时候就看过老何的书籍，有了初步的了解，后来自己深入研究发现，该公司首先完全符合大消费拐点公司的特征，同时公司拥有世界级独特品牌，在国内拥有很强技术实力、市场资源。

随着公司股权结构的不断优化，战略投资者的进入，公司重要管理人员也在向好变动，大股东同时实施了有效的激励制度。更为可喜的是，公司在医药领域之外，开始利用白药的品牌与独特功效向日化领域进军，重大创新型经营领域拓展极为成功。资本运作加上产业升级，使公司发展前景十分看好。可以看出，云南白药符合诸多前面提到的内含能量拐点类型公司的特征，难怪蓝婧会钟情于该公司。

云南白药为蓝婧立下的最大功劳就是，在 2008 年的暴跌行情之中白药屹立不倒，成为绝无仅有的防空力量（见图11）。

云南白药（月线，后复权）

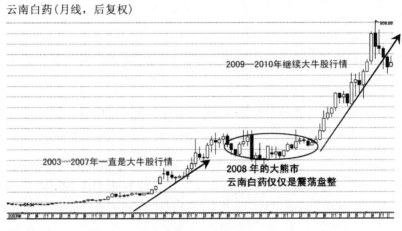

图 11　云南白药

**实战案例：隆平高科**

记得在很多年前，老何就一直钟爱科技股，因为科技股往往有很好的成长性，但令人最担心的就是中国没有真正的科技股。

隆平高科上市时，老何很激动，很快就动笔写了一篇研究报告。报告的名字就是：《千年等一回》。老何等待真正的高科技企业恰似千年等一回啊。这篇报告发表在当年的《上市公司研究杂志》上。但后来发现，隆平高科公司辜负了袁隆平院士的期望，没有好好珍惜这块金字招牌。公司一直以来业绩平平，没有亮点。后来公司大股东出现了更换，民营资本掌控了公司。这时候我们寄希望于公司新股东的新战略能够发挥效力。

话说 2008 年，对于大多数人而言是亏损与灾难，但对于蓝婧的确是足够的幸运。刚刚说起的云南白药已经为蓝婧回避了很多风险，而另一家好公司不但为蓝婧在 2008 年回避了风险，还赢取了巨大的收益，这就是隆平高科。

对于中华股宝类公司，蓝婧一直是有一个股票池的，只要其中一个中华股宝类公司有基本面的重大拐点出现，蓝婧马上就在实战中给出行动。

具体就股票池中的隆平高科而言，首先隆平高科在袁隆平院士的技术支持下，拥有世界级独特的杂交水稻先进技术与产品，而且还在不断研制世界级重大超级稻技术以及新型辣椒种子产品，并在不断走向成功，未来市场广阔。而公司实际控制人也由国营性质改变为民营。更让蓝婧兴奋的是，2008 年 4 月，隆平高科推出股权激励方案，而当时的股价与股权激励行权价几乎一样。这意味着什么？至少意味着公司已经准备激励公司主要管理、科研、经营人员，而且，这个价格就是一个安全边际。如果未来有行权的预期，那么，公司的未来成长性就会有很好的保障，股价也必将有一个很好的表现。蓝婧在 20 元以下买入的隆平高科，短短 10 个交易日就给蓝婧带来了翻番的收益（见图 12）。

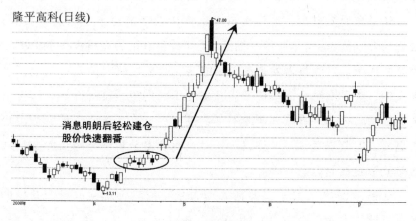

图 12　隆平高科

长期而言，包括蓝婧在内，我们继续十分看好该公司，因为我们国家急需在种业领域站立起一个东方巨人。

**实战案例：华神集团**

说起华神集团，蓝婧是通过老何常常提到的鼻渊舒口服液才知道的一家企业。后来发现华神的重磅炸弹不在于鼻渊舒，而是在于公司拥有的一项世界首创的可以治疗原发性肝癌的单克隆抗体药物利卡汀。该项国家一类新药已经获批生产，公司实际控制人也在更换。新股东进入后，公司主业明显转向生物医药，投入巨资打造医药产业链。在2010年推出股权激励，随后又推出定向增发方案。而且市场还对利卡汀的四期报告（产品获批上市后的临床推广报告，具有更加实际的临床指导意义）充满预期。的确，在公司推出四期临床报告后，该股从15元的价格在短短几个交易日就暴涨到27元。蓝婧再次完成了对于内含能量拐点公司的潜伏（见图13）。

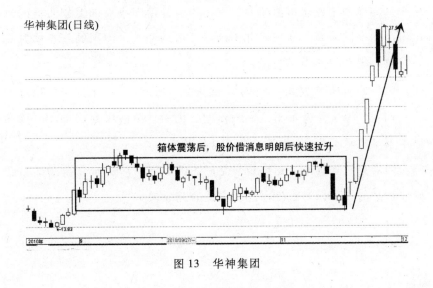

华神集团(日线)

箱体震荡后，股价借消息明朗后快速拉升

图 13 华神集团

第二章 大拐点上市公司的鉴别与分类

虽然，后来华神增发停止实施，利卡汀推广不利，但从该公司大股东股权转让开始到四期临床报告推出，这期间完全符合内含能量拐点的特征。

 ## 预言未来最具爆发力的拐点公司

看了蓝婧的经历，很多人会跃跃欲试，很想寻找到未来具有内在能量的大拐点公司。其实，学会方法最为重要。

这里只是简单提示一下关注的思路：

• 生物医药领域一定会有奇迹出现。是干细胞，还是癌症的治疗？是癌症疫苗，还是抗衰老技术？都有可能，也都会发生。

• 新媒体领域一定会爆发出罕见的能量。苹果公司已经为我们做出了榜样。苹果公司总市值一度达到 3.5 万亿人民币，与截至 2012 年 4 月的深圳主板总市值相当，也相当于深市中小板加上创业板的总市值。而中国的新媒体技术并不落后，市场庞大，中国的新媒体龙头公司也一定会带给市场震撼。

由于公司的研究是一种动态性很强的工作。时时在变，时时求变，如果大家一定要征求我们最新的、更加具体的研究成果，可以参见本书第六章关于 2012 年的论述以及附录。

但需要再次提醒，这些也只是静态的看法，动态研究需要你自己研究水平的提升以及长期跟踪我们的研究成果。

# 最疯狂的公司拐点——质变式重组拐点

在寻找大拐点公司的过程中，有一类公司最让偏好投机的投资者心动与着迷，那就是重组类公司。多少年来，在中国股市一直上演着麻雀变凤凰的神话。看着奄奄一息的公司就要倒下了，总会有神奇的重组使其死灰复燃，甚至大放光彩。相信，大凡在中国股市混过几年的人都会对重组的神奇作用刮目相看。

诚然，实质的、真正对于市场资源配置有巨大推动作用的重组一定是市场需要的，也是市场所欢迎的，但事实上，中国股市的所谓重组，很多是表面性的，甚至是虚假的。很多公司的重组并非来源于市场化规则，而是人为的幕后操纵。目的只有一个，为了二级市场的炒作获利。而对于市场一直心存暴利倾向的人们，对于重组股如此感兴趣也就不足为奇。我们这里所讨论的质变重组类公司是其中偏好的一类。

在实战中，对于因为重组，基本面出现实质性的重大变化，也就是出现了重大拐点的公司，需要认真辨别，细心对待，从而避免落入陷阱，更需要在实战中对于必须通过重组才能走出困境的公司有着超前的预见能力以及把握能力。

 ## 曾经很牛的 ST 指数走势图

红日（老何的一名学生）最喜欢看的一个分类板块指数走势图就

是 ST 指数走势图（见图 14）。在历史上，这个指数曾经风光无限，但对于未来，ST 指数是否还会存在已经存在疑问。无论如何，透过这个指数我们可以发现曾经的辉煌。

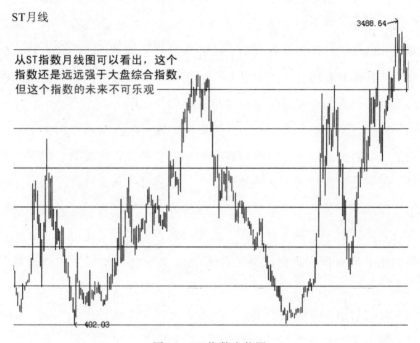

ST月线

从ST指数月线图可以看出，这个
指数还是远远强于大盘综合指数，
但这个指数的未来不可乐观

3488.64→

402.03

图 14　ST 指数走势图

# 定义质变式重组拐点

　　由于对重组类公司的痴迷，红日通过多年的实战，并加上老何的指导，最终总结出了寻找并超前发掘有望进行重大重组、使基本面得到彻底改观的公司的方式方法。具体如下：

第一类公司：公司尚有持续生存能力，并在某一领域有独特的行业地位或者拥有某项独特技术、某一独特的市场资源。总体而言，就是公司拥有极好的购并重组价值。

具体在选择这类公司上，主要条件如下：

条件1：公司股权极为分散。

条件2：总市值较低，最好低于50亿元。

条件3：公司往往是某一细分行业龙头或者是某一细分领域极具竞争力的公司。

条件4：公司现状远远未反映出公司应有的价值。

第二类公司：公司拥有被购并重组的明显的客观条件，也就是公司现有业务难以维系，但仍然拥有利用价值，必须通过彻底的资产置换、资产注入才能焕发新生。也就是说，公司还具有"壳价值"。

具体的"壳价值"质变式重组拐点出现条件如下：

条件1：国有控股公司。

条件2：股价低于10元（最大限度在15元）。

条件3：总市值低于30亿元。

条件4：公司已经在调整人员以及清理资产。

条件5：有过失败重组记录或者股权转让记录。

条件6：公司现有资产及业务已不具备持续经营能力。

其一：已经在保壳年的资不抵债公司破产重整启动并有实质进展（国有部门做管理人并与债权人达成协议，确定让渡比例）。

其二：首次重组失败后（或者股权划转后），非资不抵债公司出现连续两年亏损。

对于上述两类公司而言，第一类公司风险相对较小，第二类公司风险较大。而市场中最热衷于投机的也就是第二类重组公司。

# 五大实战，有惊无险

红日钟情于购并重组类公司，在实战中有过成功的收获，也有过失败的痛苦，但在以往几年还是收获多多。

**购并重组经典1：羚锐制药**

具有被购并特征的公司往往股权分散而且公司具有很好的改造价值或者行业整合价值。羚锐制药就是很符合这样要求的公司。

公司第一大股东仅仅拥有公司股份 1895 万股，占比 9.44%。在 2008 年 9 月 10 日至 10 月 17 日期间，上市公司马应龙通过上海证券交易所交易系统买入公司股票 1003.6 万股，占公司总股本的 5%。马应龙在解释举牌羚锐股份（原名）的原因时表示，看好羚锐股份发展前景，认为其具备战略投资价值；在未来 12 个月内，不排除在合适的市场时机下通过上海证券交易所继续增持羚锐股份股票的可能。

马应龙举牌羚锐的真实目的其实是为了产业整合，马应龙也是膏药生产企业，与同是膏药龙头的羚锐同属一大类。虽然，最终马应龙没有收购成功，但也充分说明了羚锐制药的购并价值。其实，在马应龙看好羚锐的同时，同属医药行业优质企业的复星医药也曾经作为羚锐重要股东对羚锐虎视眈眈。

红日在此期间，曾经参与了其中最有实战价值的一段行情，获利匪浅（见图 15）。

羚锐制药(周线)

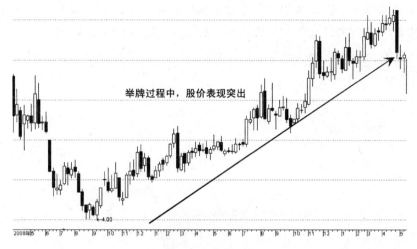

举牌过程中，股价表现突出

4.00

2008年5    6    7    8    9    10   11   12   1    2    3    4    5

图15　羚锐制药

**购并重组经典2：宝安地产**

2008年7月，中国宝安开始在二级市场购入<u>深鸿基</u>股权（<u>宝安地产</u>原名<u>深鸿基</u>），在不到8个月的时间内，中国宝安便通过二级市场购入约6300万股，一举成为<u>深鸿基</u>的第二大股东。到2009年4月22日，中国宝安在二级市场上通过不断地收购深鸿基股票跃升为第一大股东，持股比例高达17.06%，远超原第一大股东东鸿信的持股比例。同年6月9日，东鸿信与正中置业的官司以正中置业败诉告终，东鸿信股权比例有所上升，而同日，宝安再次增持<u>深鸿基</u>，将其持股比例提升至19.8%，而东鸿信已无再度增持能力。至此，中国宝安的大股东地位再也无法撼动。截至2010年12月31日，中国宝安对<u>深鸿基</u>的持股比例为19.8%，东鸿信持股比例则为14.89%。

中国宝安全面入驻<u>深鸿基</u>，中国宝安董事局常务副主席兼执行总裁陈泰泉被正式选举为<u>深鸿基</u>董事局主席。其实，从中国宝安首次举牌开始，<u>深鸿基原管理层</u>就感受到了一种前所未有的压力，公司管理层以总裁办公扩大会的名义举起了反收购的大旗，精心编织"金色降落伞"反收购计划，但最终也无法阻挡实力强大的宝安成功收购。

　　在两年的收购战之中，红日抓住其中二级市场的机会，获利丰厚（见图 16）。

宝安地产(日线)

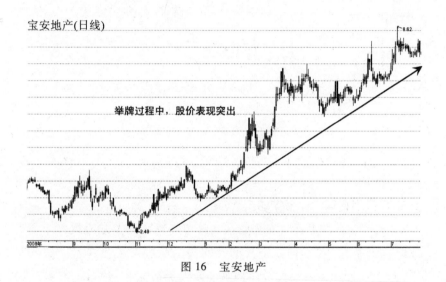

举牌过程中，股价表现突出

图 16　宝安地产

　　上面两个案例都是属于股权很分散，容易被购并，市值较小的公司。尤其是对于符合这些条件的细分行业龙头，都值得高度关注。红日对此信心十足，还准备继续在这类公司上面大展宏图。

### 借壳重组经典 1：烽火电子

　　<u>烽火电子</u>以前叫<u>陕长岭</u>，主营冰箱等家用电器。竞争激烈的家电行业使公司好景不长，持续亏损，公司一直处于退市边缘。由于公司第一大股东为政府国资局，不会轻易让所持股权变为废纸，所以，对公司进行重组是大概率事件。而且公司债务看似沉重，但实际上真正

需要偿付的债务并不是外人看到的那样多。很多债务是可以通过各种方式化解的，破产重整就是很好的解决方式。

2008年1月公司终于进入破产程序，3月首次停牌，5月二次停牌后进入破产重整进程。2008年9月全体股东让渡股份，烽火公司接手陕长岭，并承诺以公司实质的资产注资。2008年12月让渡股份冻结。2009年1月公司业绩预告扭亏，已无退市风险，买入信号明确。

红日在2008年年底实质介入该股，随后获利极为丰厚（见图17）。

图17　烽火电子

### 借壳重组经典2：＊ST 偏转

在长岭重组的同时，红日那双火红的眼睛还在紧紧盯着同为陕西地区的另一家同样是传统夕阳行业的有退市风险的公司——＊ST 偏转。该公司的重组历程与长岭很相似。因为该公司大股东同样是当地国资局，国有股份同样不会轻易流失，破产重整也是不得已而为之。

其实，早在 2008 年 3 月公司就首次重组，但 6 月份就因为某些原因而终止。随后，2009 年开始走入破产重整之路，12 月法院批准重整，2010 年 5 月资产注入方案确定而复牌，建仓信号明确。2010 年 8 月国有股转让公告公布，加仓信号出现。

在这期间，红日结合技术信号，反复操作该股，获利丰厚（见图18）。

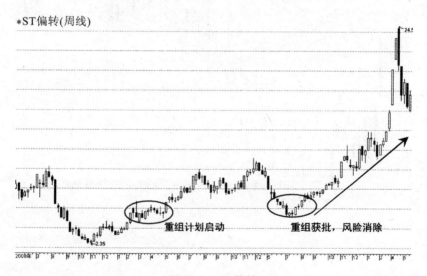

图 18　＊ST 偏转

### 借壳重组经典3：ST甘化

广东甘化也属于传统行业之中生存艰难的一类公司，2009年4月首次重组，但未获成功，5月就终止了。随后公司开始清理资产，为后续重组做准备。第一次重组未能成功后，公司主营继续艰难，人为勉强扭亏后保壳。但人为扭亏毕竟不是长久之计，2010年4月公司一季度业绩预告继续亏损，说明公司必须通过重组来实质解决问题。而公司第一大股东与长岭、偏转一样是国有控股股东，这样，公司在2011年1月进行第二次重组也就不足为奇。国有股权实施转让，引入德力西公司，步入LED产业。

红日是在公司第一次重组失败，公司人为扭亏并再次亏损后积极关注该公司，并在该股上获取了很好的收益（见图19）。

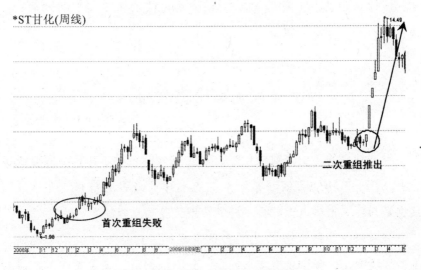

图19　ST甘化（现名 * ST甘化）

从上面这些壳价值案例可以看出，大股东都是国有控股，都是经过一次失败重组经历之后才迎来真正的机会，而且公司都是属于低价、小市值类型。

我们在这里再次强调重点关注国有的重组公司。现实中，除了国有类型重组公司，还有很多非国有公司也需要密切关注。非国有公司重组风险相对大一些，但成功案例也不胜枚举。它们对于红日来说，同样有巨大的吸引力，但我们不建议普通投资者过度关注。

红日在实战中，对于非国有类公司，持续关注过ST皇台（2009年11月首次停牌，在此前后大股东不断减持，2010年2月二次重组）、ST中源（公司大股东股权多次转让，实际控制人多次变化，2009年2月名称变更，2009年7月大股东实际控制人第六次变化，大股东内部股东变化，2010年11月总经理辞职，随后公司进入实质变化阶段，2011年、2012年不断推出优化的定向增发收购方案，公司将步入实质性发展轨道）。

# 年度冠军榜将改写

看过红日的历史经典操作后大家或许会很心动。其实中国股市历史上，几乎每年的年度涨幅冠军都离不开重组股的身影（见表1）。这也是为什么很多人像红日一样钟情重组股的原因。

但未来是否还会有如此的美景再现？还真是不好说了。规则变了，环境变了，预期也变了。同时，我们也相信，未来真正以产业整合为出发点，以振兴国家高科技为出发点的重大重组还会发生，还会有因为重组而出现重大基本面拐点的优秀公司，暴利神话不会很频繁，但不会消失。

表1 　　　　　　　　　重组大拐点公司年度冠军榜

| 年度 | 股票名称 | 重组后行业 | 性质 | 年度涨幅 |
|---|---|---|---|---|
| 2006 | 南油物业（光彩建设、泛海建议） | 房地产 | 重组 | 666% |
| 2007 | 九江化纤（仁和药业）（见图20） | 医药 | 重组 | 1612% |
| 2008 | ST昌源（中福实业） | 纸业 | 重组 | 410% |
| 2009 | 兰宝信息（顺发恒业） | 房地产 | 重组 | 2153% |
| 2010 | 延边公路（广发证券）（见图21） | 证券 | 重组 | 428% |

仁和药业(月线，后复权)

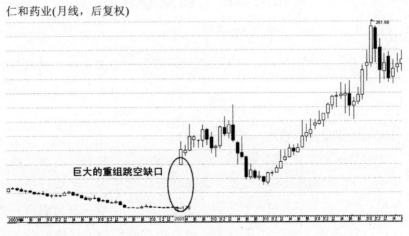

图20　仁和药业

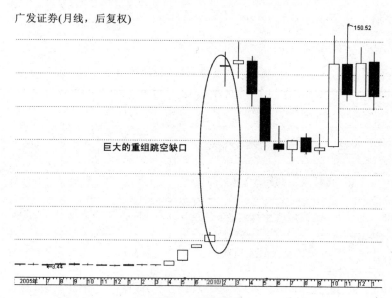

广发证券(月线，后复权)

150.52

巨大的重组跳空缺口

3.44

2005年 7 8 9 10 11 12 1 2 3 4 5 6 2010/2 3 4 5 6 7 8 9 10 11 12 1

图21　广发证券

# 对未来重组大拐点的展望

对于未来的重组拐点类公司，老何最看好的是文化传媒领域与军工防务领域。

## 文化传媒是最大看点

文化传媒历来是中国股市重组事项高发地带。比如，港澳实业—ST 传媒、燃气股份—华闻传媒、清远建北—粤传媒、鑫新股份—中文传媒、北京巴士—北巴传媒、科大创新—时代出版、白猫股份—浙报传媒、ST 源发—长江传媒、黄河电器—广电网络、四川电器—博瑞传播、耀华玻璃—凤凰股份、华联超市—新华传媒、广电信息—百视通，等等，均为传统类公司质变重组为文化传媒类公司，公司基本面出现了重大拐点。上述公司重组后均有惊人涨幅。比如，白猫股份变身为浙报传媒，复牌后股价暴涨，随后又持续上涨，累计涨幅惊人（见图22）。广电信息变身为百视通（见图23）的历程也使股价持续坚挺，在2011年的低迷市场中，该股不跌反涨，与大盘形成鲜明对比，2012年也继续反复创新高。

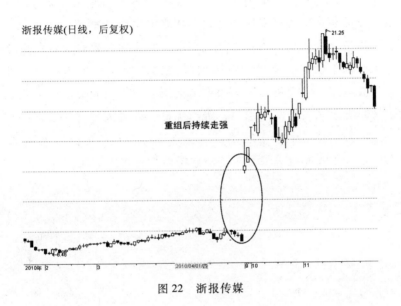

图22　浙报传媒

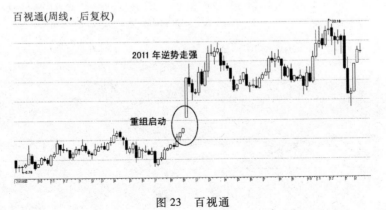

图23　百视通

未来我们继续看好文化传媒领域的购并重组所带来的相关公司的重大拐点，也期待着更有震撼力的购并重组发生。

### 军工防务将最激动人心

除了文化传媒领域的购并重组风潮外，军工防务领域的购并重组将是未来的最大看点。中国国防军工需要资本市场的大力支持，军工类资产证券化进程将有实质性变化。很多大军工类集团均为央企，而以军工类央企为代表的央企整体上市已经是未来最值得关注的资本市场重大事件。以中航集团、航天科技集团、航天科工集团、兵器集团、兵装集团、中核集团、中船重工集团、中船工业集团等为代表的中国大军工概念央企实力雄厚、资产优良，未来进行行业整合的空间巨大。曾经的超级牛股中航精机（见图24）、成飞集成（见图25）、洪都航空、中兵光电等都是军工概念资产购并重组的典范。

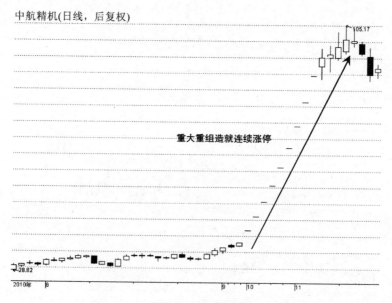

图 24　中航精机

成飞集成(日线，后复权)

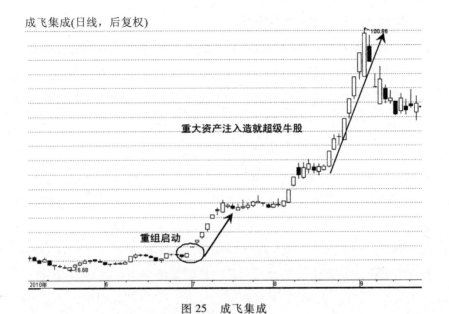

图 25　成飞集成

### 强强联合，而不再是麻雀变凤凰

对于未来的重组与购并，老何在此特别提醒如下：

第一，千万不要认为只有公司亏损了，不行了，才会进行重组。今后随着 IPO 的市场化推进，上市将不再十分困难，退市制度的完善也将使真正失去生存能力的企业退出市场，而不是上演反复的重组游戏。所以，对于生存已经存在困难，甚至资不抵债的公司，要敬而远之。不具备确切的重组条件，不可以轻易介入。

第二，今后中国股市的购并重组重点将不再是亏损股、垃圾股的购并重组，而是会逐步向产业整合、强强联合过渡。真正以做大产业、做强企业为出发点的大购并、大重组才是未来市场的希望，也符合市场发展的规律。看看下面这两个案例，我们就会得到很好的启示。

### 案例1：国网整合置信电气

国家电网旗下国网电科院拟以其持有的9家公司股权认购置信电气非公开发行6041.35万股股份，并受让置信集团、东方国际、上海电力实业持有的置信电气部分股权。交易完成后国网电科院将替代徐锦鑫夫妇成为置信电气第一大股东。

置信电气是国内专业从事非晶合金变压器（简称非晶变）生产和销售的领跑者。"非晶变"相对于传统的变压器具有明显的节能效果，作为配网节能的重要一环，具备显著的战略地位，这是国家电网进行战略布局的重要原因。

本次重组完成后，置信电气将成为国家电网相关的唯一以非晶变为主的配电变压器产业平台，同时也是国家电网公司和南方电网有限公司的设备供应商。国家电网表示，将以上市公司为平台，完善非晶合金变压器产业链条，进一步增强与上游原材料厂商的合作。

此外，本次重组后，国网电科院部分下属企业及国家电网下属的福州天宇电气、许继电气等与置信电气存在同业竞争。国家电网承诺，将在3~5年内彻底解决天宇电气与置信电气的同业竞争；同时，对于许继电气旗下的许继变压器，国家电网将支持置信电气购买许继变压器与其存在同业竞争的业务，或确保许继变压器进行业务调整，或将该业务对外转让。

强强联合，一方面使国网拥有了国内最强的非晶节能变压器技术与市场，另一方面，置信电气也解决了长期困扰公司的市场问题。

### 案例2：中钢集团整合吉林炭素

吉林炭素总厂是"一五"期间建设的156项重点工程之一，是国家为发展航空工业所建立的制铝系统提供配套产品的企业。它的建成投产，结束了我国不能独立生产人造石墨及炭素制品的历史。后来吉

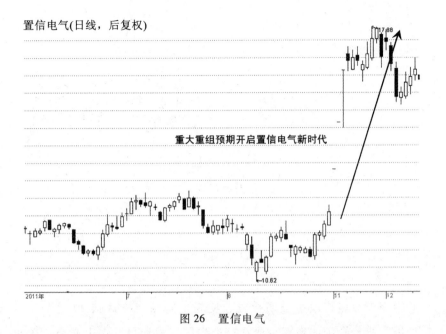

置信电气(日线，后复权)

重大重组预期开启置信电气新时代

2011年　　　　　　7　　　　　　8　　　　　　11　　12

图 26　置信电气

林炭素总厂改制为吉林炭素集团有限责任公司，旗下<u>吉林炭素</u>股份有限公司于 1999 年 5 月在深圳证券交易所挂牌交易。就是这样一个生产能力和规模亚洲最大的企业，却由于体制、机制等原因，正常生产经营陷入困境，连续两年亏损，面临着倒闭和退市的危险。通过改制引进行业内战略投资者，完善造血功能，是其必然选择。

在经过仔细选择之后，中钢集团进入视线。作为中央直属企业的中钢集团，在钢铁行业以及炭素行业内有较大影响力，也早想利用<u>吉林炭素</u>这一平台整合中国炭素行业；中钢集团与<u>吉林炭素</u>原来是客户关系，经销炭素产品。整合<u>吉林炭素</u>，可发挥利用中钢集团与其他钢铁行业的客户关系网络；中钢集团下属各大科研院（所）在炭素炉窑、环保、检测等技术领域的研发优势，可以提高炭素公司的产品技术含量和自主创新能力。

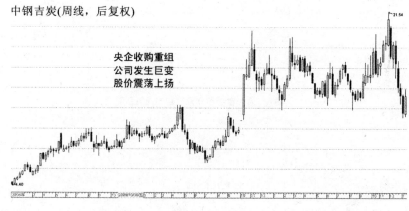

中钢吉炭(周线，后复权)

央企收购重组
公司发生巨变
股价震荡上扬

图27　中钢吉炭

　　中钢控股后将通过长期投资，使炭素制品产量达到 20 万吨，并计划进一步整合国内炭素企业，打造中国炭素航母。在未来新一轮央企重组的过程中，中钢吉炭极有可能成为中钢碳素产品的重组基地，成为碳素有关资产的上市平台。


# 最特别的公司拐点——政策性拐点

　　在所有大拐点类型公司中，政策性拐点是最特别的。特别的地方在于它不是完全由公司本身的基本面所决定的，而是由政策面所决定的。所以，这类拐点本身不是我们关注的重点，因为这类拐点比较短暂，而且不完全依赖于公司自身基本面的变化。

这里仅仅作为大拐点公司类型的补充以及未来尚有的一次机遇特别地提醒大家。

# 什么是政策性拐点类公司？

在证券市场中，重大制度的改变或重大事件会不断发生，这些事件有时是好的，有时是坏的。对于市场而言，好的事件不见得是好的机遇，坏的事件不见得没有机遇。在中国这样一个新兴市场，重大制度变化事件的发生频率很高。而一次重大政策的出台，对于部分公司而言，或许就是一次重大拐点的诞生。比如，在中国股市历史遗留问题的解决过程中，每次都给市场以及相关公司带来巨大的机遇，而且都是不可再生的难得的机遇，比如，转配股的出现、B 股对国内居民开放的政策、法人股全流通的政策，等等。

我们认为，只要是与重大政策出台有重大相关性，并能够给予股价巨大波动空间的公司，就属于政策性拐点公司。

# 历史上的三大经典

### 经典 1：转配股

1994—1995 年，很多公司进行配股（配股是当时上市公司的主要再融资方式），但大股东很多是不参与的。

为什么不参与？很简单，那时的大股东多是为圈钱而来的，怎么还会往外吐钱呢。所以，大股东的配股部分大多是放弃而作废。后来，有聪明人发明了转配股。大股东不要的配股权可以转出去，加上几毛钱手续费就转了。转给谁呢？基本上是自己公司的二级市场股东（只有福建豪盛是公开向全体二级市场投资者发售的），也就是同时有该公司配股权的流通股股东。这还不算完，这种转配出来的股票，没有流通权，为什么呢？"老子"不能流通，"儿子"、"孙子"当然也得跟着"坐牢"。

这种事情在当时看来是很让人气愤的。更多的投资者是以脚投票，不买账，不要那转配权。但在我们眼中，这种事情就是巨大的机会。为什么是机会？原因就是一个：配股股价低廉。当年的配股价可不像现在这么高，都是出奇的低，一般都是 2 ~ 3 元的样子，最贵的东方明珠才 5 元的配股价格。虽然是暂不流通，但我们当时就深信，已经被个人买了的股票，流通不会很遥远。所以，我们当时建议：只要有条件就要大买特买转配股。最终的结果是什么呢？2000 年转配股上市流通，仅仅东方明珠就有 8 倍收益，上海金陵等小盘绩优股每年送股，最终收益更高。这就是制度性机遇的价值。

### 经典 2：B 股的必然

B 股市场是中国股市的一个特色市场。B 股最早是为了吸引外国投资者，但到了最后没有形成规模，也没有了融资与再融资功能，变成了一潭死水。在 2001 年以前，我们已经将 B 股列为今后有望爆发制度性变化的一个重点，并建议可以适量持有 B 股。

果然，在 2001 年 2 月 19 日，中央宣布对国内投资者开放 B 股市场。B 股出现井喷行情，连续涨停板。随后，B 股再次陷入沉寂。

### 经典 3：法人股的暴利

现在大家一提"小非"，爱的人有之，因为他手里有很多"小非"，目前流通以后增值不知多少倍；恨的人有之，整天解禁、流通，二级市场压力很大。这"小非"其实就是法人股。

在股改以前，这些法人股是不能在二级市场流通的。所以，当时很多人不愿意持有法人股。一来不能流通，二来分红很少。只有那些以资本运作为目的的机构愿意去持有法人股。当时，在无形的法人股市场几乎天天都有转让发生。

目前，全流通时代已经到来，法人股的持有者得到巨大的回报，制度性暴利机会再次显现。虽然对于不同的"小非"，十分准确的收益数据很难给出，但通过"原始小非"获取几百倍收益的大有人在。

##  未来唯一的政策性拐点品种

这里需要特别提醒大家的是，虽然 B 股曾经有过一次辉煌，但并没有完全解决问题。B 股作为唯一的历史遗留问题，必将得到彻底解决，因为目前 B 股没有任何功能，连再融资功能也没有，新股已停止发行。剩下的或许也只有一次投机功能。无论如何解决这个问题，都会利好 B 股。

比如，A、B 股合并，那么，平均只有 A 股价格一半的 B 股就有巨大的上涨空间。无论合并的方式怎样（增发 A 股、回购等），对 B 股都是百利而无一害。还有就是今后 B 股与 H 股合并，这需要更加复杂的程序。即便是完全注销 B 股，也同样需要一个很好的价格。当然，保留 B 股，引入机构投资者、发 B 股基金也是一种想法，但可行性很小。如果这样，对 B 股也是巨大利好。

无论怎样，B 股的问题终归要解决，最后的、唯一的中国股市历史遗留问题的机遇，不可错过。

# 最终目标——涨十倍的公司拐点

前面，我们给大家总结了五种类型的大拐点。其中，政策性拐点不具备长久性，是一种暂时性的类型，不作为重点；重组类拐点今后的重点是以购并为主，也就是我们前面提到的强强联合，有退市风险的公司不建议普通投资者涉足；周期性拐点公司则具有业绩的巨大波动性，仅仅适合阶段性持有。

**综合来看，如果我们的终极目标是寻找涨十倍的公司，那么，我们的主要着眼点就要放在消费升级拐点类型公司上，尤其是在此基础上，还具备内含能量爆发的上市公司。**也就是说，内含能量拐点类型的公司是我们最看好的，其中最有望出现十倍空间的公司。这类公司一旦在大消费升级的基础上，公司内在能量也出现爆发（具体条件见前面），则公司基本面将出现持久而又有相当力度的向好改变，业绩也会持续爆发增长。这样的公司股票最有持续上涨动力。

即便在内含能量拐点类型公司里面，也有具体不同的状况，有的公司爆发临界点更加临近或者刚刚爆发，有的爆发点或将略微滞后。而且，具有类似爆发力度的公司，有的市值很大，有的很小；有的市盈率较低，有的则很高。在股权结构方面也经常出现很大的差别。

在下面的章节中，我们结合实战性，深入研究，总结了挖掘更具有实战性、更具有想象空间的十倍牛股的大拐点股票翻番公式，以便能优中选优，将选股范围大大缩小，寻找更加适合实战的涨十倍股票。

# 第三章
# 锁定最优大拐点
# 股票的翻番公式

大拐点股票翻番公式：

基本面重大拐点确立＋相对小市值＋相对高市

盈率＋特别结构＋特别价格

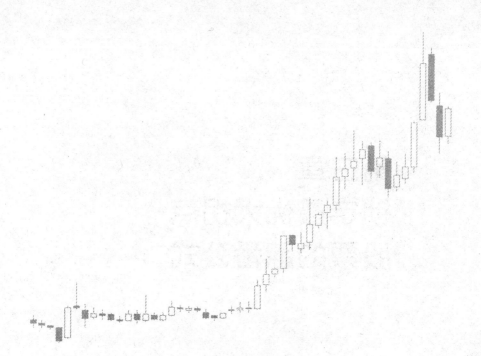

如果说通过上面的阐述，我们可以轻松寻找到具有大拐点特征的上市公司，那么，是不是所有的这类公司都有很好的二级市场表现呢？是不是所有的这类公司都会有同样的上涨动能呢？答案当然是否定的。

　　有些公司的基本面大拐点是持续的、长久的，有些公司的基本面拐点是短期的、周期性的。我们的目标是优中选优，我们的追求是选择那些上涨空间最大、上涨动力最强的大拐点公司。

# 大拐点股票翻番公式的由来

老何去年新收了一个学生小周。小周是学理工科出身的，对证券投资很有悟性，对运用大拐点理论研究上市公司颇有心得。

小周对老何说：老师，我们运用大拐点理论，如果运用得好，就应该将其中最强的品种寻找出来。

老何：那什么是最强的标志呢？

小周：就是公司出现拐点的力度最强，拐点的性质最具吸引力，表现在二级市场也最具诱惑力。一旦公司基本面重大拐点被市场所知晓，股价往往可以快速翻番。

老何：你的骨子里其实还是有很强的功利思想，有点急于获利，那是要不得的。但去寻找大拐点群体中的相对更强的拐点品种，这个自然是我们需要做的事情。

小周：那老师就研究一个翻番公式吧，这样我好理解，也好应用。

老何：早已经在心中，这个不是很难。

其实，所谓的翻番公式在老何心中早已成熟，已经运用此公式在众多大拐点类型公司中发掘出不少优秀的大拐点公司，它们在二级市场的表现就是翻番行情。这次老何在学生的要求下公布了大拐点股票翻番公式。

**大拐点股票翻番公式：**

**基本面重大拐点确立+相对小市值+相对高市盈率+特别结构+特别价格**

小周对于这个公式还是有诸多不清楚的地方。小周是学习工科出身，要求公式的精确性，对于公式中的一些条件，想要老何给予详细的解答。老何其实已经不需要自己解答，最好的学生蓝婧已经是老何投资思想最好的传承。

蓝婧说，老师的这个公式以前虽然没有完整地说出来过，但今天一说出来，我就很清楚每一项的含义。其实，这些年跟随老师所研究的公司都是沿着这个思路，对于公式每一项条件的详细解答自然不在话下。

- **第一项条件（必备条件）：基本面重大拐点确立。**

也就是说，至少具备上一章讨论的大拐点基因之一，如产业周期、消费升级、重大技术突破、重大资产注入、借壳上市等。

- **第二项条件（必备条件）：相对小市值。**

总市值类比国内外同业企业平均市值水平相对要小。一般而言，以小于同业市值平均水平的30%以上为标准。市值越小，则未来膨胀空间越大。而其中细分行业龙头小市值公司更值得重点关注。

- **第三项条件（可选条件）：相对高市盈率。**

就市盈率而言，目前看相对高一些，也就是静态市盈率水平高于市场平均水平或者行业平均水平。目前的相对高市盈率其实意味着拐点刚刚来临，业绩尚未发酵，是一个好的买点。而一旦业绩爆发，市盈率反而会降低。

- **第四项条件（可选条件）：特别结构。**

公司股权结构具有分散性、特殊国有性、特殊行业背景等，或者具有管理层收购、股权激励等股权结构特征。具备上述股权结构特征的公司被收购兼并的概率较高，公司内在发展动力也较高。

- **第五项条件（可选条件）：特别价格。**

公司方面以市场形式给出了与公司价值直接密切相关的某些特

殊价格，比如大股东或者高管增持公司股份的增持价格、股权激励价格、面向大股东的定向增发价格、可转换债券转股价格、股份回购价格等。上述价格在一定时期均可以作为相对具有安全边际的价格。在这些价格之下买入股票，具有一定的安全性以及预期下的获利性。

上述翻番公式中，**基本面重大拐点确立与相对小市值是必备的条件**，其他三个条件是可选的条件，有则更好，没有也可以接受。在实战中，符合上述公式中的条件越多的，未来上涨空间越大。

下面通过一些身边朋友们的精彩案例，让大家更加透彻地了解大拐点翻番公式的使用方法以及应用条件。我们就大拐点翻番公式的五大条件，有针对性地分别通过实际案例来说明问题。

# 基本面重大拐点确立

前面说了，大拐点翻番公式总共有五大条件。其中两个必要条件，三个可选条件。在两大必要条件之中，基本面重大拐点确立条件在第二章已经重点详细介绍。如何寻找具备大拐点特征的公司，想必大家已经了解。

这里再次提示，无论是周期性拐点，还是消费升级拐点，都是很常规的大拐点，是相对比较容易寻找的。在大消费基础上公司的内含能量拐点则更具吸引力，大家可以重点的关注。当然，质变重组类型的拐点建议大家重点关注其中具有行业整合性质的大企业之间的购并题材。对于很烂的公司的重组还是要相对谨慎对待。未来中国股市新股发行制度改革的趋势一定是更加的市场化，以前市场反复游戏的买壳、借壳之类将会弱化。

本节不再去详细讨论如何确定公司大拐点的话题。翻番公式必备条件之拐点确定截至本节应该已经解决，具体详见第二章有关内容。

# 相对小市值

第二个必要条件也十分重要，也就是关于市值的条件——相对小市值。而老何的一位老朋友老高的亲身经历或许是最能说明问题的，与其老何来讲，不如让老高现身说法。

 ## 小股票到底如何迷人？

老高海外回来之后正赶上中国股市开张，有海外经历的老高一眼就看好中国股市，成了中国大陆第一批股民，几乎将全部精力都放在钻研与炒作股票上。

中国股市初期的市场，都是一些小盘股在上市交易，老高也是从操作小盘股开始了股市生涯。老高买入过几只小盘股因为反复大比例送股，使老高的收益远远高于同期大盘。这使老高开始对小盘股情有独钟。

随着股市操作经验与技术的提升，老高更加清楚操作获利小盘股的内在秘密。其实，老高买的并非只是小盘股，而是小市值股票，而且大多是被低估的小市值股票。小市值的概念比起单纯的小盘股概念，可以更加全面地注释股票价值的高低。在同样基本面之下，谁的市值越低，谁的价值就越高，上涨空间就越大。

老高还明白了另一个很重要的道理，几乎每一家优秀的大公司都是从小市值公司不断发展、成长起来的。这个成长的过程就是小市值变为大市值的过程，当然也就是持有这些股票的投资者赚钱的过程。

在老高的投资理念之中，"市值是金"或许有其重要的道理。只有市值小，公司市值未来才有不断成长的空间，也才会最终成长为大蓝筹类型公司。这也正是我们的大拐点翻番公式的最重要条件之一。

## 怎样科学地估算市值？

说起市值，看似简单，市值＝股价×总股本。这里需要注意，多年来，一些人习惯了非全流通的市场，一说股票，经常说流通股份是多少，流通市值是多少。其实，在全流通时代，今后不要再讲什么流通市值。所以，我们这里所说的市值都是指公司总市值。

但具体说起小市值，很多人会有疑问，什么样的市值才叫小市值呢？有没有标准呢？

记得在多年前，10 亿元的市值已经很大，但今天，一些公司 100 亿元的市值不算过分，很优秀的大蓝筹 1000 亿元的市值也不会让人觉得夸张。这就是市场的发展与进步。对于今天而言，小市值的标准如何确定呢？我们觉得也只能相对而言，阶段性确定。但是，市值大小比较的原则是需要了解的。

老高为了能在小市值股票上不断获利，结合国内外市值评估技术，总结了关于市值大小的评判规则，极具参考价值，具体如下：

1. 行业容量。

了解公司所在行业的容量。以行业预期需求、目前世界以及国内本行业总销售额、预期未来三年增长率情况来估算，也可以从公司的招股书以及其他各种行业分析资料之中获取。

2. 占有率。

公司的市场占有率越高越好。市场占有绝对额与市场容量之间的差距越大越好。

3. 收入。

销售收入越大越好。销售收入与市场容量之间的差距越大越好。

4. 同业对比。

公司市值应该处于同行业之中国内甚至全球横向比较平均水平之下，越低越好。

5. 市值估算。

市值预期 = 销售收入×3

新兴行业则在这个市值之上再乘以 1.2。

具体到实战中，结合中国股市特色，老高总结了当前中国股市各行业市值相对低估的具体范围，但这个参考市值数据是动态的，在五年之内应该有效，而未来市值的标准应该有每五年 20% 的增长。现行标准具体如下：

● 小行业公司：

30亿~50亿元以下为低估（以某些新兴细分行业为主，新兴产业或垄断性消费行业中某一分支领域龙头或者著名品牌）。

● 中等行业公司：

50亿~100亿元以下为低估（某些阶段性新兴发展或垄断性消费行业，小品种稀有有色、高档酒类、高档服装、奢侈品、新型酒店、化妆品等日化产品领域）。

● 大行业公司：

100亿~300亿元以下为低估（大容量全方位国民行业，大宗有色、石油化工、海运、建材、机械、造船、新能源汽车、航空、电信、银行、证券、保险、消费类电子产品、食品饮料、医药、商业等）。

# "小鸟高飞" 精彩实战

从下面这些实战案例，我们可以看到老高的小市值投资历程，每每的成功，印证了老高不愧为小市值股票挖掘专家，同时也印证了小市值股票的独特魅力之所在。每一只纯正的"小小鸟"只要"饲养"得当，都会展翅高飞，一飞冲天。

### 案例1：苏宁电器，当年的小市值电器销售细分行业龙头

苏宁2004年刚上市时仅仅0.93亿股初始总股本，29.88元的开盘价，当时总市值27.79亿元，几年之后总市值最高达到1172亿元，在2010年历史最高时涨幅达到42倍（见图28）。

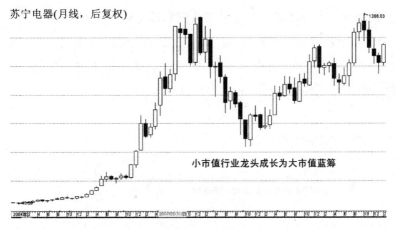

苏宁电器(月线，后复权)

小市值行业龙头成长为大市值蓝筹

图 28　苏宁电器

## 案例 2：烟台万华，当年小市值 MDI 细分行业龙头

2001 年公司初始总股本仅 1.2 亿股，上市时以 28 元开盘，总市值仅 33.6 亿元，而历史上总市值最高达到 976 亿元，上涨 29 倍（见图 29）。

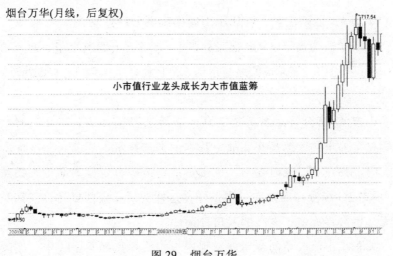

烟台万华(月线，后复权)

小市值行业龙头成长为大市值蓝筹

图 29　烟台万华

### 案例3：<u>泸州老窖</u>，当年小市值白酒酒类细分行业龙头

1994年公司上市时仅8688万股总股本，9元的开盘价，总市值当时仅7.8亿元。而历史上总市值最高达到698亿元，上涨90倍（见图30）。

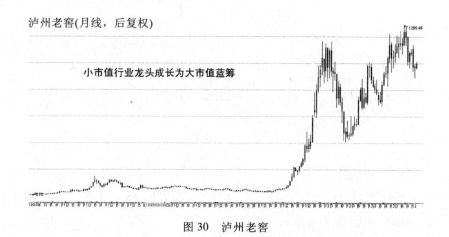

图30　泸州老窖

### 案例4：<u>云南白药</u>，当年小市值中药细分行业龙头

1993年公司当年以0.8亿股总股本，8.5元开盘价上市，总市值仅6.8亿元。而历史上总市值最高达到519亿元，上涨76倍（见图31）。

**小市值+细分行业龙头**是老高的必要选股条件，上述几只股票是完全符合要求的。老高在实战中基本上都选择了上述公司基本面出现重大向上拐点之时及时参与，也就是最终需要符合**基本面重大拐点确立+小市值+细分行业龙头**三大条件，这样的话安全性更高，获利空间更大，也最终成就了老高的股市神话。

关于小市值股票的神话就说到这里。大拐点翻番公式中，两大必要条件解决之后，剩下的是三大可选条件，即相对高市盈率、特别结

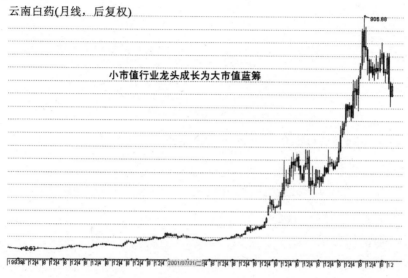

图 31 云南白药

构和特别价格。


# 相对高市盈率

　　将高市盈率作为大拐点公式中的一个可选择条件，或许出乎很多人的意外。到底如何运用？在实战中都是什么样的人在运用？运用效果如何？其答案同样令很多人感到意外。某一类投资者的所作所为或许可以给大家一点启示。

# "危险市盈率"为何还招人待见？

在选股的过程中，很多人都习惯于选择低市盈率的股票。当然，教科书上都是这样教的，似乎市盈率越低，公司就越安全。但这句话只说对了一半。

如果公司没有成长性，没有发展前景，甚至一年不如一年，那么再低的市盈率也不会给你带来超额收益，而且还会带给你巨大的风险。即便那些低市盈率、稳定分红回报的公司，我们也是不看好的。进入股市的目的一定是为了获取超额回报，否则就没有必要进入这样的风险市场，而仅仅靠分红是无法获取超额回报的。

所以，我们眼中最好的公司就是有一定安全边际，并且更要有很好的成长性与发展前景的公司。这样的公司往往市盈率不会很低，尤其是在我们运用大拐点理论选择未来有望出现重大基本面拐点的公司时，选择出来的大拐点特征公司，由于业绩尚未体现，或者刚刚体现，市盈率会偏高，但这也正是买入的最佳时机。

我们在很多场合大力宣传**"100倍市盈率买入，10倍市盈率卖出"**的理念，但接受的人并不是很多，真正按照这个理念去做的人更少。这也让老何很欣喜，说明证券投资少数人赚钱的道理再次得到印证，也为那些能够走上正途的投资者感到高兴。

而令老何更为欣慰的是，有两位搭伴炒股票的美女，看起来很弱小的小女子，却十分信仰这个理念。她们听过老何的课程之后，便在实战中屡屡获利。要知道，这两位以前只买市盈率最低的传统领域的低价蓝筹股，什么银行股、钢铁股、煤炭股等。但凡市盈率高过20倍的股票，她们就害怕。后来才知道，其中一位美女是从美国回来的，深受美国传统投资观念影响。对不对呢？不能说不对，但也更不能说对。其实美国的股票涨得很好的也有很多高市盈率的。大概这位在美国也只是看到了问题的一方面而已。

如何才是正确的选择？只有在实战中自己不断地去摸索才是最有价值的。但最终，能让你赚钱的市盈率就是最好的市盈率。

 # 高市盈率反叛性武器的运用标准

自从两位小女子迷上了"**100 倍市盈率买入，10 倍市盈率卖出**"的理念，结合老何课堂上的内容，加上自己的理解，给出了她们自己的市盈率选股条件。老何看过之后认为很好，介绍给大家参考。但需要提醒的是，**这个市盈率选股条件是大拐点股票翻番公式之中的一个条件，不可以单独使用。**

具体的市盈率选股标准如下：

●强周期性行业公司：

钢铁、煤炭、有色、石油化工、海运、建材、机械、电力、房地产、造船等，需要 50 倍以上高市盈率。

●弱周期性行业公司：

轿车、高档酒类、高档服装、奢侈品、航空、酒店、电信、银行、证券、保险、消费类电子产品等，需要 30 ~ 50 倍市盈率。

●完全非周期性行业公司：

食品饮料、医药、商业以及公用事业行业等，需要 20 ~ 30 倍市盈率。

总结下来就是，证券投资的最高境界一定是：相对最低价买进，相对最高价卖出。最低价大多出现在公司业绩最差之时，也就是市盈率较高之时，而最高价则大多是出现在公司业绩最好之时，也就是市盈率较低之时。研判公司业绩何时成为最差向最好（或者普通向更好）转折的拐点，将成为能否成就财富梦想的关键，也正是大拐点理论的精华所在。

# "高举高打"的精彩实战

下面看看两位美女的实战历程。哦，可别小看曾经胆小的女子，实战上胆大心细，无比强悍，"高举高打"的战法让老何赞叹不已。

### 案例1：中国船舶

这个公司很多人不会陌生，它曾经是中国股市的天价股。该公司以前叫沪东重机，也被戴过 ST 的帽子。2003—2005 年业绩很差，股价自然也不会高，在 5～9 元之间波动。但公司实施了重大资产重组，中国船舶借壳上市，公司基本面随即出现重大拐点。

在拐点刚刚出现时，公司业绩还是很差，市盈率还是很高，但却是很好的买点。而公司在重组后业绩不断增长后，股价也随之高涨。该公司业绩最辉煌时，出现了高达每股收益 6 元以上的惊人业绩，而股价已经涨到了 300 元的天价（见图32）。

其实，在股价很高的时候，比如 100 元以上，公司的市盈率反而是很低的。在恰当的高市盈率买入，在恰当的低市盈率卖出，或许是最佳选择。

### 案例2：中信证券

公司在 2003—2005 年之间，由于证券行业不景气，该公司业绩

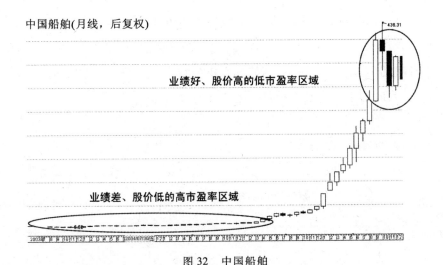

中国船舶(月线，后复权)

业绩好、股价高的低市盈率区域

业绩差、股价低的高市盈率区域

图32　中国船舶

很差，股价也自然低迷，在 5 ~ 6 元之间波动。其实当 2005 年证券行业出现行业整体拐点之时，虽然当时<u>中信证券</u>的市盈率还是很高，但买入证券行业龙头中信证券的时机已经出现。随着证券行业的回暖，公司业绩突飞猛进，业绩高峰时，每股收益高达 4 元以上，而股价也涨了 20 多倍。

其实，即便是 80 元的高价位，<u>中信证券</u>当时的市盈率也不过 20 倍，可谓低廉。这同样是高市盈率时期买入、低市盈率时期卖出的经典一例。可以参见图 1。

### 案例 3：中恒集团

该公司以前在医药领域默默无闻，业绩平平。2008 年三季报每股收益 0.059 元，股价 4 ~ 5 元，接近 100 倍市盈率，但当时公司正在推出一款新药——注射用血栓通。据当时权威研究员介绍，该品种可以创造出巨大市场需求。此时公司低价、高市盈率，是很好的买入时机。

果然，2009 年公司业绩开始增长，2010 年半年报每股收益 0.62 元（复权），全年每股收益 1.5 元（复权），两次 10 送转 10 之后复权价格超过 90 元。而在业绩高峰期卖出公司股票（价格在 70～80 元区间），当时的市盈率反而很低（见图 33）。

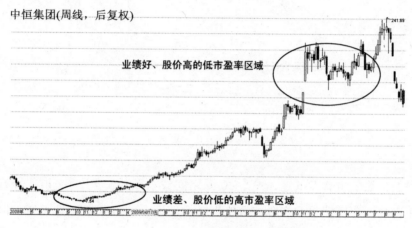

图 33　中恒集团

### 案例 4：包钢稀土

胆小女子敢于看好稀土要归功于她们学习了老何的中华独有资源理念以及挖掘中华股宝的动力。在 2001 年出版的《零风险方案》这本书中，老何重点点评了稀土高科，将其定义为最典型的中华股宝，但市场对它的认可还是延迟到了 2006 年，同时，公司以至整个行业的根本问题仍然没有解决，致使随后再次出现业绩衰落。我们国家表面上拥有丰富的稀土资源，但却没有定价权，没有真正从资源上获取应得的收益，从而"稀"而不有。但今天我们发现，在行业政策的巨大变化之下，中国的整体稀土行业已经开始发生巨大变化，公司业绩拐点在 2009 年已经开始显现，未来有望成为真正的中华股宝。

具体到实战，该公司的业绩波动显示出鲜明的拐点特征，也同样显示出高市盈率时期买入、低市盈率时期卖出的特征。2008 年半年报公司每股收益 0.30 元，三季度 0.35 元，业绩开始大幅下滑。2008 全年每股收益 0.21 元，说明公司 2008 年四季度大幅亏损。当时股价大概在 5～10 元波动。2009 年一季度，持续亏损，显现低价超高市盈率特征，同时国家关于稀土行业的保护政策开始浮出水面，行业拐点隐隐显现，买点出现。2010 年一季报每股收益 0.16 元，半年报每股收益 0.43 元，全年业绩每股收益 0.93 元。到了 2011 年一季度，每股收益 0.60 元，全年业绩预期十分明朗，股价也已经到达很高的位置，复权价格最高在 120 元附近。如果以复权 90 元高价卖出，动态市盈率也仅仅 30 倍左右，动态市盈率虽然很低，但业绩顶峰隐隐到来，卖出时机来临（见图 34）。

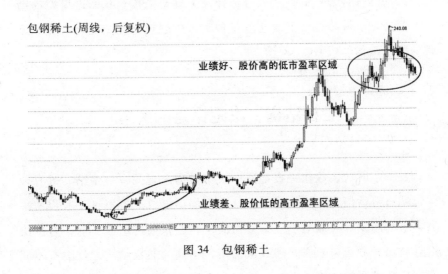

包钢稀土(周线，后复权)

业绩好、股价高的低市盈率区域

业绩差、股价低的高市盈率区域

图 34　包钢稀土

上述案例都很经典，也很难让人想象都是两位小女子的亲身经历。总结一下，她们的秘诀也很简单，基本上都是按照"**基本面重大拐点确立+行业龙头+相对高市盈率、相对低价位买入+相对低市盈率、相对高价卖出**"这样一个标准进行选股与操作。

说完市值、市盈率，下面该说说大拐点翻番公式中关于结构的条件如何运用。

# 特别结构

大拐点翻番公式的另一个可选择性条件是结构。我们这里说的结构主要是指股权结构。下面通过各种类型的股权结构的变化，让大家感受股权结构的威力。

## 股权结构，决定命运的魔方

在资本时代，股权一直是资本大家最为重视的一件事情。没有股权，就没有话语权；股权减少，就会削弱话语权。可以说，股权就是资本市场的生命。而对于一家公司而言，股权结构组成如何，直接决定着公司的命运与未来。同一家公司，不同的股权结构，就会有不同的想法，不同的动机与行为，最终就会有着不同的命运。所以，在资本市场上，股权结构一直是众人关注的焦点。股权大战不时爆发，收购兼并潮起潮涌，MBO 暗流涌动，股权激励屡屡推出。

对于野心勃勃的人而言，股权以及股权结构一直使他们夜不能寐、思绪万千。

对于运用大拐点翻番公式寻找最具大涨潜力的股票的人而言，具备大拐点特征的公司，如果同时具有股权结构的特别题材，那就会更加充满上涨预期，而这也正是我们所期待的。

 ## 股权大战，最具魅力的股市战争

先说说股权结构特殊状态下之最具震撼性的股权大战，也就是股权争夺战。其实在前面的购并重组环节，我们也介绍过类似的案例，这里则重点强调一下有可能爆发股权大战的公司的特征。具体如下：

- **股权分散**。大股东持股小于 20%，越小越好。
- **细分行业龙头**。个别为壳资源公司。
- **总市值不超过 100 亿**。特殊行业例外。
- **遭遇利空或者公司具有人为埋没迹象**。如收入很高，但出现严重低于行业平均利润率的情况，或者出现高毛利、低净利的情况。

符合上述条件的公司，最容易引发股权大战，而历史上也的确经常爆发这样的战争。我的好朋友蒋总就是亲身参加过数次股权大战的一员大将。

 ## 成功的历史就是购并的历史

蒋总是证券市场的资深专家，业务涉猎范围极广，但最为拿手的还是策划并参与股权大战。蒋总早期就曾经积极参与某传统公司的购并大战，目前该公司已经重组为北京优秀的蓝筹公司。下面我们看看蒋总眼中最欣赏的国内两大经典案例。

**案例1：丽珠集团（医药行业细分龙头）**

2001年底，丽珠集团总股本30603.5万股，其中法人股6805.6万股，占总股本的22.24%；流通股A股11567.2万股，占总股本的37.8%；流通股B股12230.7万股，占总股本的39.97%。

当时的前四大股东分别是：光大集团（持股12.72%）、丽士投资（持股7.31%）、光泰医药（持B股流通股5.11%）、广州市保科力贸易公司（持境内法人股1.98%）。

丽珠集团有77.76%的流通股权，具有单一股东持股不集中的股权结构特性，并且公司财务结构有严重的人为不合理迹象。主要表现为，公司主营业务收入很高，但净利润很低。原因在于公司的销售费用很高，而且是出奇的高，费用率甚至高过广告泛滥的哈药，也远远高于行业平均水平。这说明公司有极大的费用改善空间，最终也就是利润改善空间。当然，更让人看重的是丽珠在行业中的地位，公司有很强的研发创新能力，在很多细分领域都居于行业领先。于是，在这样的基本面与股权结构之下，就注定要发生股权争夺战。

当时丽珠的第一大股东光大集团处在整体调整收缩时期，自我评价是完成战略投资的历史使命，去意已决。光大集团最终选择了东盛集团。东盛与光大达成协议，光大全面委托东盛经营管理其手中持有的12.72%的丽珠，东盛成为丽珠第一大股东。丽珠集团管理层对东盛入驻表示反对，并采取"迎娶"同属广东的太太药业对抗东盛集团，购并股权大战就此爆发。

2002 年 3 月 28 日，太太药业透过控股公司海滨制药购入丽珠集团 A 股流通股 683700 股，占丽珠集团总股本 0.2234%。同年 4 月 3 日至 4 月 5 日，太太药业又购入丽珠集团 A 股流通股 9371677 股，占丽珠集团总股本的 3.0623%。太太药业控制的天诚实业有限公司购入 1.1978%丽珠集团 B 股流通股。同时太太药业受让丽士投资持有的 7.31%丽珠股份。股权转让加上从二级市场买入，在 10 天之内太太药业共持有丽珠 12.5%的股份，直逼 12.72%的第一大股东光大集团（已经将股权托管给东盛）。

而后，作为丽珠第三大股东的光泰医药（持 B 股流通股 5.11%）也跟随光大集团准备退出丽珠，这部分股权就成为股权争夺战的关键。原本跟随光大、东盛的光泰医药在关键时刻"反水"（其实还是东盛自己没有资金所致），太太药业以大宗交易方式轻松从光泰医药处购得 5.0577%的流通 B 股。至此，太太药业成为丽珠集团实际第一大股东。

2002 年，丽珠集团股权争夺战尘埃落定后，太太药业占据丽珠集团董事会 4 个席位，朱保国是董事长；而东盛集团只有郭家学任副董事长，占 1 个席位，付出 1.7 亿元成本，却在经营管理上没有太多的话语权。

2004 年 6 月 3 日，丽珠集团董事会上宣布了每 10 股配 6 股的高额配股方案，配股价定在每股 4.0 元左右。对于原本就资金紧张的郭家学来说，最终的选择只有全面退出，股权大战彻底结束。

在股权大战的同时，丽珠的价值也被市场所认识，在二级市场方面，丽珠股价也在股权争夺战题材的刺激下有出色表现（见图 35）。

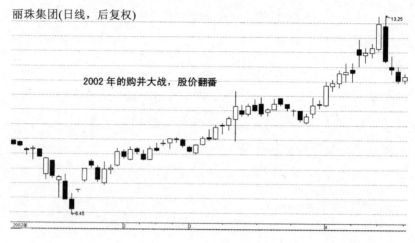

丽珠集团(日线，后复权)

2002年的购并大战，股价翻番

13.25

6.45

2002年                    2                    3                    4

图35    丽珠集团

### 案例2：伊利股份（乳业龙头）

伊利是公认的行业龙头，2008年公司总股本7.99亿股，但第一大股东仅持有8157万股，占总股本的10.21%。这样的股权结构不得不让人浮想联翩。但在更多的时候伊利股价偏高，很多人是"有贼心，无贼胆"，很难去实际上撼动大股东地位。

伊利在2008年遭遇前所未有的打击。一方面，2008年中国股市暴跌；另一方面，中国历史上前所未有的耻辱事件——"三聚氰胺毒牛奶事件"曝光。伊利也是其中毒牛奶制造者之一，股价受双重利空打击，最低跌到6.56元（未复权）的超低位置。

在这个时候，国内几个神经敏感的大投行在算一笔账。如果此时在二级市场买入伊利股份5%的股份，也就是3995万股（约2.62亿元资金），就可以举牌该股；如果买入并持有8158万股（约5.35亿元资金），就可以做伊利的第一大股东。虽然伊利当时受到社会与市场的唾弃，但瘦死的骆驼比马大，乳品市场还是要存在，几大巨头的垄断格局还是难以轻易打破。一旦市场恢复正常，伊利还是会继续其行业巨头的地位。如果仅仅以区区 5 个多亿的资金就可以控制中国这样一个大国的乳业巨头，无疑是一笔很合算的买卖。

这样想的人多了，开始行动的也就多了。伊利的股价随之开始上涨。其实，最终谁也没有举牌，也没有出现想象中的股权大战。但事实上，这是一次难得的二级市场购并行业龙头的好机会，也是一次难得的、生动的经典教程。

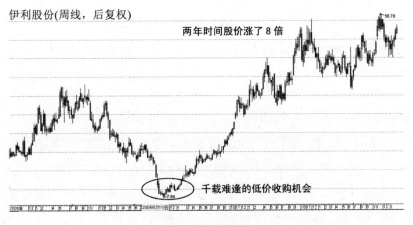

图 36　伊利股份

# MBO，滑头与实在之间的取舍

除了股权大战，在股权结构之中，MBO（管理层收购）也颇为引人注目。下面的案例会让大家领略到 MBO 的魅力与力量。

与股权争夺战一样，具有管理层实质收购可能的公司往往也是股权相对分散，而且公司往往都是行业龙头。具备了这样的特征，MBO

才有实现的可能与动力。同样是 MBO 的企业，虽然从短短几年来看，似乎都有很好的发展，但从长久来看，还是有所不同。在我们的选股标准中，有道德的企业分量很重。哪些 MBO 是为了企业的长久发展，哪些 MBO 是为了谋取私利，大家最终都会很清楚，而长期投资价值的区别也就在于此。

### 案例 1：双汇股份（肉制品行业龙头）

双汇是中国人所共知的著名肉类品牌，双汇的股价在二级市场的表现也极为突出。可是，在这背后却有着鲜为人知的 MBO 作为公司发展的强大动力，甚至后来出现的"双汇火腿肠事件"或许与 MBO 也并非无关。

2002 年，双汇领军人物万隆就曾带领 12 名双汇管理层及其他一共 50 名自然人，共同出资成立了河南漯河海汇投资有限公司。2003—2005 年间，海汇投资先后投资入股了与双汇发展主营相关的各类上下游企业多达 18 家。2003 年 6 月 10 日，包括双汇集团 4 位内部管理人员在内的 16 名自然人又出资成立了漯河海宇投资有限公司。成立仅 3 天后，海宇投资即与双汇集团签订《股权转让协议》，以 4.14 元每股的价格受让了后者持有的双汇发展 8559.25 万股股份，这些股份占公司总股本的 25%。最终，因这一价格低于双汇发展当时的每股净资产，未获国资委批准。此后每股收购价被提高至 4.7 元，海宇投资顺利拿下股权。海宇投资进入双汇发展后，上市公司开始大举分红，2003—2005 年间海宇投资获得分红款逾 2 亿元。

2006 年 4 月，双汇集团国有股产权通过招投标方式，被高盛和鼎晖下属子公司香港罗特克斯公司以 20.1 亿元获得，并通过受让海宇投资手中的股权，从而合计持有双汇发展 60.71% 股权，一举成为双汇发展的实际控制人。

上述收购案完成后，海宇投资完成历史使命，而海汇投资也神秘消失。2007 年 7 月在英属维尔京群岛成立的 Rise Grand Group Ltd. （兴泰公司）和 Heroic Zone Investments Limited （雄域公司）正是双汇管理层在境外设立的两大 MBO 运作平台。通过一系列在境外的资本运作，由 263 名双汇集团高管、中层管理人员以及销售、技术核心骨干人员通过信托方式成立的兴泰公司，及其 100% 控股的雄域公司，最终取得了双汇国际 30.23% 的股份。值得注意的是，双汇国际通过罗特克斯、双汇集团直接或间接持有双汇发展 51.45% 的股份，这意味着，"得双汇国际者，得双汇发展"。双汇管理层的曲线 MBO 获得成功。

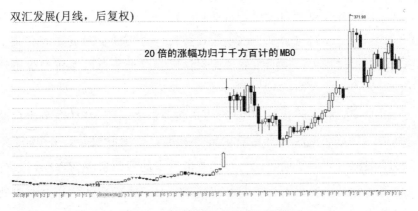

双汇发展(月线，后复权)

20 倍的涨幅功归于千方百计的 MBO

图 37　双汇股份（现名双汇发展）

我们赞赏合理合法渠道的 MBO，好的 MBO 可以激发管理层斗志，有利于公司的发展。事实上，双汇正是因为 MBO 的成功，公司步入快速发展的道路，业绩连年增长，股价表现突出。但也正是因为双汇曾经有过试图以低于净资产占便宜的价格购入股权的行径，也有过不惜千辛万苦绕道海外曲线倒腾股权的行为，我们认为，双汇的管理层在道德上有争议，后续出现的"双汇火腿肠事件"也就不足为奇。不诚信的公司当然不值得看好，但 MBO 的威力在此的显现毫无疑问。

### 案例 2：中国宝安（创投领域龙头）

深宝安在中国股市可谓名声显赫，早年的"宝延大战"（宝安试图收购延中实业而爆发的股权大战）就是宝安的经典之作。宝安一直是一家很优秀的公司，正因为优秀，管理层对公司的控制权也一直在窥觑。

2002 年 9 月深宝安第一大股东龙岗投资以低于每股净资产价格，将富安控股持有的深宝安国有法人股，转让给民营企业恒隆国际和汇富控股，而恒隆国际和汇富控股正是深宝安管理层控制的公司。该项股权转让行为经深圳市龙岗区批准，经深圳市国资委同意拟上报国资委审批，但三年多过去了，该项股权转让行为仍处于国资委等有关主管部门报批过程中，说明主管部门对深宝安以低于每股净资产价格转让国有资产实现 MBO 的不认可。

深宝安的股权转让及 MBO 行为是在国资委叫停 MBO 政策出台前进行的。只是上报后一直未获国资委批准，该项股权转让在 2004 年完成了股权转让的工商登记，并试图借后来的股改实现 MBO 合法化。具体做法就是将股权转让和股改捆绑在一起，将股权转让作为股改的一部分内容。如果国资委批准宝安股改，就意味着批准此前宝安 MBO；反之，如果国资委不同意宝安 MBO，宝安就无法股改。正是这一事件，使深宝安连续数次更改股改的股东大会时间，简直就是一场闹剧。但令人难以想象的是，深宝安管理层最终取得胜利，股权转让最终获得国资委批转，深宝安管理层 MBO 得以实施。

实施了管理层收购，深宝安的状况自然就会大不一样，公司名称改为中国宝安，公司业务蒸蒸日上，创投、医药、新能源、房地产各项业务欣欣向荣，二级市场炒作题材层出不穷，股价表现也极为出众。这一切，在我们眼中都将归功于 MBO 的神奇。

中国宝安(周线，后复权)

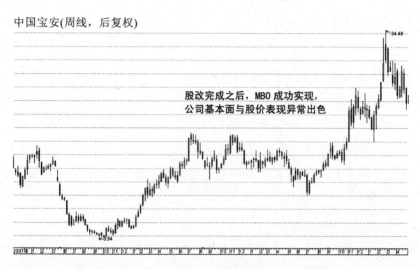

股改完成之后，MBO 成功实现，
公司基本面与股价表现异常出色

图 38　中国宝安

### 案例 3：安琪酵母（酵母领域龙头）

安琪酵母是国内少有的国际行业巨头之一。公司在酵母行业世界第三，亚洲第一；在酒类、烘焙食品、面食领域的酵母市场占有率具有绝对优势；在酵母提取物、特种酶制剂、保健品方面也独树一帜，潜力巨大。

2010 年 6 月，公司以 18.67 元的价格向日升科技公司定向增发，日升科技成为公司第二大股东。日升公司为公司管理层间接控股的公司，从而公司实现 MBO。

在这里值得一提的是，公司的经营理念是：为了人类健康而奋斗，为了公司的长久稳定发展而奋斗。公司的所有产品都是围绕人类健康而设计生产。此外，公司的董事长俞学锋曾经说过，我们做 MBO

不是单纯地为了股权，而是为了公司的长久发展。为此，日升科技在定向增发时做出令人难以置信的郑重承诺，具体如下：

为了推进本公司发行股份购买资产事项，确保本公司原有股东利益，日升公司于 2010 年 3 月 12 日出具了《补充承诺书》。根据该《补充承诺书》，以及本公司 2009 年第一次临时股东大会对董事会的相关授权，公司董事会决定对向特定对象发行股份购买资产暨关联交易方案作如下调整：

一、降低标的股权的交易价格

根据北京亚洲资产评估有限公司出具的京亚评报字（2009）第［65］号《资产评估报告书》，截至评估基准日，即 2009 年 6 月 30 日，标的股权相对应的评估值为人民币 71 875 万元。

根据《安琪酵母股份有限公司向湖北日升科技有限公司发行股份购买资产补充协议书》的约定，"公司购买的标的股权的交易价格为 71 872.40 万元"。

在该交易价格的基础上，日升公司承诺下调标的股权的交易价格 10%，64 685.16 万元。根据该交易价格，结合公司股份发行价格 18.80 元/股，日升公司通过本次交易认购股份数 3 823 万股下降为 3 440.70 万股。公司董事会决定本次交易价格修改为 64 685.16 万元，发行股份折算修改为 3 440.70 万股。

在本次交易最终获准发行之前，公司股票发生派发股利、送红股、转增股本、配股等除权、除息行为的，公司股份发行价格进行相应调整，日升公司通过本次交易认购的股份数也将随之调整。

二、延长股份的锁定期并安排分期解锁

1. 本次交易完成后三个会计年度内的业绩补偿安排。

若本次交易于 2010 年内完成，根据《补偿协议书》的约定和《上市公司重大资产重组管理办法》的规定，日升公司承诺在本次交易完成后三个会计年度内，即 2010—2012 年期间（以下简称"补偿期"），对逐年预测净利润的未实现部分本公司可以于当年年度股东大会审议以总价人民币 1.00 元的价格定向回购日升公司持有的一定数量的股份，回购股份的上限不超过本次交易中日升公司认购的股份数。回购股份的数量按照如下公式计算：

补偿期内历年回购股份的数量＝[（标的资产累计预测净利润－标的资产累计实现净利润）×认购股份总数]÷补偿期内标的资产预测净利润合计数－补偿期内已回购股份数量

若根据上述公式测算，当年应回购的股份数小于零，则无需执行股份回购。

补偿期内公司股票若发生派发股利、送红股、转增股本、配股等除权、除息行为，本次认购股份总数将作相应调整，回购股数也随之进行调整。

2. 本次交易中日升公司认购股份的解锁安排。

本次交易中，日升公司明确承诺：因本次发行股份购买资产事项所认购的公司股份，在本次发行结束之日起 36 个月内不上市交易或转让。若本次交易于 2010 年内完成，日升公司将于 2013 年内满足上述 36 个月的锁定期要求。在满足锁定期安排的前提下，日升公司补充承诺：自 2013 年起，根据本次交易标的资产自评估基准日以来的累计净利润的实现进度安排本次认购股份的分期解锁并上市流通。

具体每年可自由流通的股份数计算如下：

（1）累计可自由流通的股份数＝（评估基准日标的资产的账面净资产＋评估基准日以来标的资产累计实现的净利润）÷股份发行价格

（2）当年可自由流通的股份数＝累计可自由流通的股份数-截至上一会计年度末累计计算的可自由流通的股份数

经测算，2016 年标的股权累计实现的净利润加评估基准日标的资产净资产能覆盖本次标的股权的全部交易价格 64 685.16 万元。

根据上述公式，2013—2016 年（以下简称"解锁期"）具体每年股份解锁情况可分解成如下四个阶段：

（1）2013 年内，认购股份在 36 个月锁定期满时，可自由流通的股份数测算如下：

2013 年内满足 36 个月锁定期后可自由流通的股份数＝（评估基准日标的资产的账面净资产+2009 年 7 月 1 日—2012 年 12 月 31 日期间标的资产累计实现的净利润）÷股份发行价格

（2）2013 年、2014 年完成后可自由流通的股份数测算如下：

当年完成后新增可自由流通的股份数＝标的资产于当年实现的净利润÷股份发行价格

（3）2015 年不增加流通股份数，与 2016 年一并测算，即 2016 年完成后可自由流通的股份数测算如下：

2016 年完成后新增可自由流通的股份数＝标的资产于 2015 年、2016 年两年累计实现的净利润÷股份发行价格

（4）截至 2016 年解锁期满尚未实现自由流通的股份数公司回购注销。

结合标的资产截至 2016 年 12 月 31 日累计实现的净利润，若按照上述公式测算的日升公司"累计可自由流通的股份数"仍少于日升公司本次认购的全部股份数，差额部分公司可以于 2016 年年度股东大会审议以 1.00 元的价格回购注销。

上述解锁期内，公司股票若发生派发股利、送红股、转增股

本、配股等除权、除息行为，本次股份发行价格作相应调整，解锁股份数及回购股份数也随之进行调整。

三、关于本次交易对方对标的资产赢利能力出现极端不利情况下的应对措施

考虑到日升公司执行上述方案，根据标的资产利润实现进度分期安排所认购股份上市流通。在认购股份解锁后，若标的公司发生极端的经营恶化局面而造成大幅度业绩下滑甚至亏损，可能会造成公司回购日升公司剩余尚未解锁股份的价值不足以弥补标的公司的累计亏损金额的局面。鉴于此，日升公司2015年不单独安排认购股份解锁，而是在2016年末结合标的资产于2015年、2016年前后两年实现的合计净利润数一次安排解锁。日升公司同时承诺，2016年末尚未实现解锁的股份将由上市公司以1.00元的价格回购注销。

公司管理层认为在未来数年内，我国酵母产业前景看好，标的公司出现上述极端的经营恶化局面的可能性极小。

安琪酵母(月线，后复权)

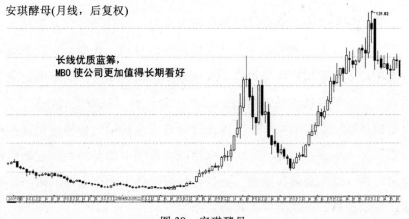

图39　安琪酵母

希望大家静下心来认真阅读一下这个承诺，今后如果有公司进行业绩与解禁承诺，对比一下，大家就会知道什么叫有信心，什么叫负责。上述承诺是目前上市公司之中少有的业绩以及解禁承诺，足以说明公司管理层对公司未来发展的信心，也从而证明，安琪酵母值得长期看好，毕竟公司前所未有地做出了自 2010 年开始到 2016 年连续 7 年的业绩与解禁承诺。所以，以俞学锋为代表的公司管理层实施 MBO 应该不仅仅是股权那么简单的事情，其责任与义务、信心与希望更值得我们关注。

# 特别价格

关于特别价格，前面已经做过简单介绍，就是公司方面给出了与公司价值直接密切相关的一些具有特殊性的价格，比如，大股东或者高管增持公司股份的增持价格、股权激励价格、面向大股东的定向增发价格、可转换债券转股价格、股份回购价格、每股重置净资产等。上述价格在一定时期均可以作为相对具有安全边际的价格。在这些价格之下买入股票，具有一定的安全性以及预期下的获利性。但既然是特别价格，就不会轻易出现，必将在特别条件下才会出现，而一旦出现了特别价格，也就会发挥其特别作用。

# 专业化的特别价格

特别价格，主要是指能够显现出公司独特价值的一种不会轻易出现的价格。但在实战中，具体选择具有特别价格的股票还要有一定的条件，具体如下：

●股价要跌破特别价格，或者至少很接近（应该在5%幅度以内）特别价格。

●具体的特别价格如下：股权激励价格（已实施），大股东、高管增持价格（已实施），可转换债券转股价格（已实施），可分离转债权证行权价格，面向大股东的定向增发价格（已实施，或已经获批但未实施），业绩承诺前提下10～20倍市盈率估值价格，公司股份回购价格，每股重置净资产。

●公司所处行业为朝阳行业，公司为细分行业龙头。

●公司大股东有较强实力。

实战中，不会经常出现同时符合上述条件的情况，往往在市场很弱、连续大跌或者大熊市时才会有这样的机会。在这种时候，是否敢于去抓住这样的股价被低估的机会，是实战获利的关键所在。

# 专抄大股东底的精彩实战

刘老头是一个股市老手，虽然文化水平不是很高，但对于人生世道看得很透。他经常对人讲，股市就是人生的写照：做人需要低调，需要谦虚谨慎，需要讲究安全，讲究诚信；买股票也是一样，要找诚信的公司，尤其是做过业绩承诺或者其他重要承诺的公司，要找有安全价格边际的公司。

我们前面提到的一些特别价格正好符合刘老头的选股要求，有的公司因为注入资产或者重大重组给出了郑重的业绩承诺（一般而言，实现不了业绩承诺，大股东需要以现金补齐或者低价注销股份），一些公司大股东、高管大量增持公司股份，有的公司大股东巨资参与定向增发，当然还有一些前面提到过的特别价格形式。无论是哪种形式，最终都可以计算出或者显示出一个特别价格。当二级市场价格低于这个特别价格时，抄底或许就不再是一件盲目的事情。刘老头最得意的两项抄底行动那是相当的精彩。

### 案例1：中兵光电，军工重组龙头

中兵光电以前叫北京天鸟，重组后公司变身为真正的军工股。2008 年公司向北京华北光学仪器有限公司发行 7871.7518 万股人民币普通股购买相关资产，完成了向特定对象发行股份购买资产暨关联交易的重大资产重组。

控股股东北京华北光学仪器有限公司保证，该次发行股份购买资产对应的业务：军品二、三、四级配套产品及军民两用技术产品有关业务已经全部并入上市公司。公司通过新增股份购买大股东军品资产方式实现了业务转型，主营业务从以电脑刺绣机的研发、生产和销售为主，转变为以军品二、三、四级配套产品及军民两用技术产品的研发、生产、销售为主，形成支撑未来发展的（远程压制、航空稳瞄、武器火控、制导与控制）四大核心业务，和以场景观测平台产品、智能机器人、稳瞄系列、温控技术、惯导、低成本导引头为代表的六大核心技术。而且大股东郑重承诺之后三年业绩不低于 1.6098 亿元、1.7750 亿元、1.8772 亿元（每年依次有所增加，以当时总股本计算最高每股收益超过 0.8 元）。公司基本面的实质重大拐点确立。

　　大股东定向增发注入资产的价格为 16.75 元。以每股收益 0.8 元计算，这个价格仅仅 20 倍的市盈率，应该是高科技军工股的超低价格。而在二级市场，中兵光电股价最低曾经到 10.69 元，在已经很安全的价格 16.75 元以下有极为充裕的买入机会。即便以 15 元买入（10.69～16.75 元之间较高的价格），也是极为安全的。该股果然在随后的三个多月就暴涨到 40 元区域，股价翻番还拐弯。特别的价格一旦出现，特别的收益也会随之而来。

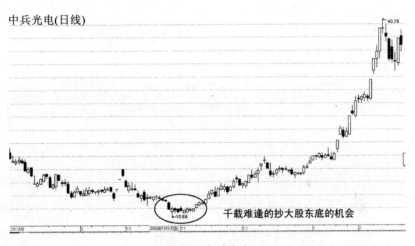

图 40　中兵光电

### 案例 2：中化国际，世界 500 强为后盾的成长蓝筹

　　中化国际是中国股市很好的一家优质蓝筹公司，主营特种橡胶业务、特种化学品等四大业务。公司大股东为世界 500 强企业，实力很强。2005 年，大盘还没有完全让投资者看清大底的时候，刘老头看到中化国际大股东在 5 元以下在二级市场不断增持公司股份。在股价低于大股东增持价的时间里，刘老头不断抄底大股东。随后，2006 年中

化国际又发行可分离转债，并给出 6.58 元的权证行权价。而在二级
市场股价低于 6.58 元之后，老刘头再次看到机遇，又出手抄底中化
国际。随后 2007 年中化国际最高涨到 30 元高价。老刘获利匪浅。

中化国际(周线)

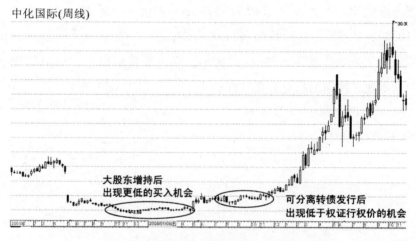

图 41　中化国际

　　看来抄底大股东的确可以获得一份安全，同时未来获利的预期也
很强烈。这样的好事一旦遇到不可放弃。但各位还是要记住，特别价
格还要配合其他条件，必须在大拐点类型公司上应用才会有更好的效
果。要记住，大拐点翻番公式的各项条件是不容马虎与放松的，每一
份收益都不会轻易获得。

# 第四章
# 寻找大拐点股票
# 最佳买点

任何一只优秀的大拐点股票，都需要一个好的买入位置与价格，使投资者低成本、高效率地持有并获利。一个好的买入远远重要于卖出。

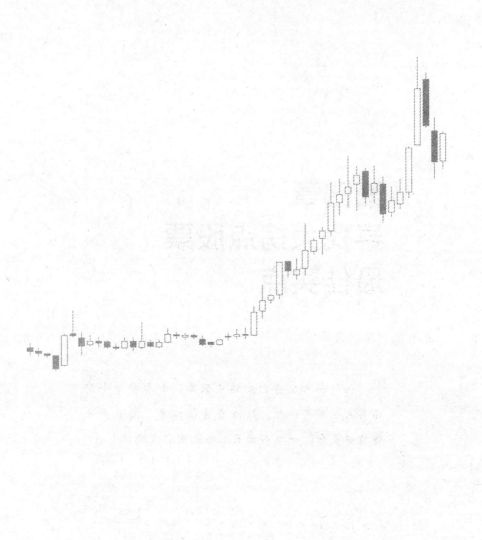

买入，是实现股市赢利的最重要一步。没有买入的动机、行动，就没有最终的利润。买入是利润实现的基础，卖出是利润实现的手段，好公司是实现利润的基石。寻找到了大拐点公司群体之中最具上涨潜力的股票，在实战中，还需要一个很具体的买点。因为，即便长线看来再好的公司股票，也有短期价格的高低不同。

在你锁定具体目标股票之后，在什么时间、什么价格买入，将直接决定你获利的倍数以及收益的效率。买的价格越低，赢利空间越大。买的时间点越接近上涨启动点，获利周期越短。

下面关于买入点的话题将给你一点启发，而几大具体的买入模式将给出我们眼中最佳买入时机。

# 关于买入的忠告

 ## 会买的是徒弟吗？

在市场中经常会听到这样一句话：会买的是徒弟，会卖的是师傅。

答案是：大错特错。如果公司选错了，股票看走了眼，或者是好公司没有选到好买点，总之是买错了，无论你如何会卖也会亏损；反之，如果买对了，即便卖的水平低一点，也会赚钱。有人将纠正错误的及时卖出认为是很有水平，也有人对大跌之前能及时获利卖出的行为大加赞赏。其实，这些人过于糊涂。正是由于没有买好，才需要纠正错误。正是因为买得好，才会有最终的获利卖出。

买入是根本。选好股票，在相对恰当的时机与位置买入才是最重要的。至于一些人担心的卖得不好、利润受损的问题，在本章最后也将有简单的提示，只要买得好，卖出是极为容易的。

 ## 好公司是否啥时买，啥时赚？

好股票，任何时候都可以买吗？当然不是。当我们选择出一只具备大拐点特征的好股票后，在某一段时间内，股价有时会出现很大的波动，如果遇到市场不好，高低点的股价差别巨大。比如，我们自 2011 年开始很看好的<u>百视通</u>公司，2011 年 9 月是 10 元左右的价格，而 11 月就是 16 元左右的高价，而到了 2012 年 1 月则又出现了 10 元附近的价格。高低价之间相差 60%。如果你是 10 元的成本，假设几年后，价格到了 100 元的预期位置就是十倍收益了；而你的成本如果是 16 元，十倍收益预期就要等待到 160 元。

所以，我们在后面将给出一些针对好公司的买入模式。

 ## 右侧买，还是左侧买？

对于买入点，还有一个经常令投资者迷惑的问题，那就是好公司既然已经选出，就迫不及待地想买入。我们说，总体上讲，股票的买入位置与时机基本上可以定义为两大类：左侧买入以及右侧买入。

所谓左侧买入，就是在股价已经跌得比较多的前提下，在股价还在下跌的过程中，也就是还在下降趋势的时候，认为股价已经物有所值，大胆买入。但有一点，盲目地抄底，贪婪地主观性断底不属于左侧交易，属于胡乱的赌博式交易。

左侧买入需要对公司的内在价值有深刻的认识，需要能判别出公司价值严重低估的程度，需要识别公司安全边际的区间，更需要勇气与决心。所以，大部分普通投资者难以胜任。

右侧买入则是在股价已经确认见底，已经走出下降趋势，开始有明确的上涨信号时开始买入。

那么，到底是左侧买入好，还是右侧买入好呢？其实，在实战中，大可不必过于纠结左侧还是右侧，只要有信号就好。只不过在实战中，大多数投资者比较容易接受与辨别的信号是右侧信号。下面我们将给出十大买入模式。

从实战检测来看，下面给出的大拐点股票买入模式信号之中，模式1、6、7、8可以定位相对左侧的信号，而模式2、3、4、5、9、10属于相对右侧的信号。其实，在实战中，左与右是相对的。我们的看法是，无论左右，只要有信号，就可以买入，就是很好的买点。

# 大拐点股票最佳买点秘籍

## 大拐点股票买入模式1：罕见低价

大拐点股票买入模式1是最典型的左侧交易模式。相对于后面其他买入模式更加量化的特点，这个模式的量化特征不是十分突出，但也是很明确的。

买入模式1：

• 股价低于每股净资产。

• 股价低于大股东独家认购的定向增发价格。

• 股价低于重置资产每股价格。

• 股价低于大股东承诺业绩背景下动态市盈率20倍。

符合上述条件时，都可以视为买入信号出现。

具体案例，大家可以参照第三章，大拐点股票翻番公式中特别价格这一章节有关内容。

需要提醒的是，上述买入模式以及后面介绍的每一买入模式都是针对符合大拐点特征的股票而言，而不是针对所有股票。

 # 大拐点股票买入模式2：欲擒故纵

买入原理：利用人性弱点，反向操作。

买入模式2：

- 股价经过20天以上的平台震荡整理。

- 突然某天向下破位。

- 成交量没有放大（换手不超过5%）。

- 随后股价返身向上，并创出前期盘整新高。

- 第一时间介入。

- 在相对底部出现这样的情况更加理想。

买入模式2在应用时需注意的问题：

1. "平台震荡整理"的概念似乎有些难以量化。在实战中，建议可以将上下20%幅度内的震荡视为震荡整理空间。

2. 平台震荡整理"20天以上"是一个绝对的量化定义。但是不是18天、19天就不可以呢？也不是。原则上，10天以上的震荡整理平台都可谓可以实战，只不过20天以上的震荡整理换手会更加充分。实战中大家灵活掌握即可。

3. 返身创新高时介入是最为确定的买入。但在实战中，如果股价破位大跌后，随即以涨停形态返身向上，就可以不必等待创新高再买

图 42　买入模式 2 图例

入。因为涨停方式的返身向上意味着返身的真实性已经相对明确，不必刻意等待创新高再介入。

4. 如果在股价已经上涨了很长时间、很大幅度后出现平台震荡整理，即便破位后返身向上创新高，也需要加倍小心。即便参与也要严格控制仓位，而且要设立好止损点。

 ## 大拐点股票买入模式 3：均线双叉

买入原理：利用两次确认的原则以及人气恢复的原则，顺势而为。

买入模式 3：

• 设置 5 日、15 日均线。

• 5 日均线第一次金叉 15 日均线后等待股价回落。

• 随着股价回落，5 日均线死叉 15 日均线。

• 5 日均线再次金叉 15 日均线则为买点。

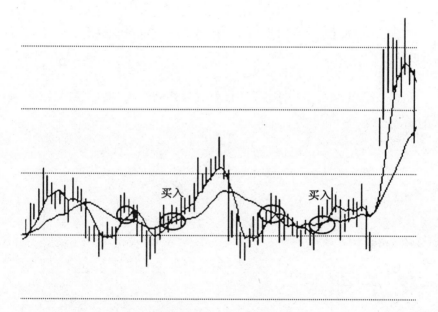

图 43　买入模式 3 图例

买入模式 3 在应用时需注意的问题：

1. 在实战中，两天均线的双金叉其实是有很多组合可以使用，比如 5 日与 10 日均线，5 日与 13 日均线，7 日与 15 日均线，5 日与 20 日均线，等等。哪一个最有效呢？大家可以去不断探索。这里的 5 日与 15 日均线的双金叉只是一个启示。

2. 在双金叉的过程中，如果二次金叉时两条均线都是向上的，最为理想。而股价当时同时站在两条均线上方也最为理想。

3. 均线双金叉的位置也是有讲究的。在相对低位出现的双金叉信号更加有效。在很高位置出现的信号需要相对谨慎，甚至可以不参与。如果参与，需要严控仓位，设置好止损位置。

# 大拐点股票买入模式 4：神奇一线

买入原理：时间周期适当，极具实战性的均线，其走向具有很好的实战意义。

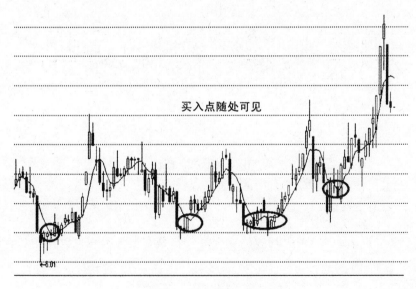

图 44　买入模式 4 图例

买入模式4:

● 周线设置5周均线。

● 5周均线开始向上。

● 股价站上5周均线。

买入模式4在应用时需注意的问题:

1. 在实战中,往往是股价先站上5周均线,然后均线才开始掉头向上。

2. 一般而言,股价站上5周均线,如果均线尚未掉头,也可以开始少量买入,并等待均线掉头后继续增仓。但在5周均线没有转向时买入,需要将5周均线设为止损位。也就是说,股价站上5周均线后,均线还没有来得及转向,5周均线就再次被跌破,这时候就需要止损了。

##  大拐点股票买入模式5: 长线飞舞

买入原理:长期均线出现金叉则意味着长期趋势开始看好,顺势而为。

买入模式5:

● 月线设置5月均线、20月均线。

● 5月均线、20月均线同时向上,并出现金叉。

● 股价站上5月均线。

买入模式5在应用时需注意的问题:

在实战中,往往是股价先站上5周均线,5周均线向上拐头,然后才会出现月线级别的信号。在5周均线发出信号时已经可以买入。如果市场继续向好,出现了上述5月与20月均线的信号,则不但可

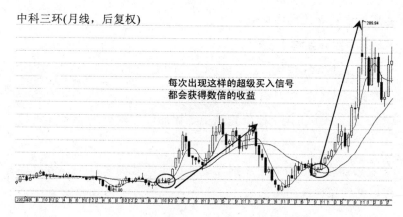

中科三环(月线，后复权)

每次出现这样的超级买入信号
都会获得数倍的收益

图45　买入模式5图例（中科三环月线）

以买入，还可以加码买入。如果只是5周均线的信号，一般而言仅可
以半仓操作。

 # 大拐点股票买入模式6：背离双叉

买入原理：利用人性弱点，反向操作。同时，遵循两次确认
原则。

**买入模式6：**

**● 周 KD 出现底背离。**

**● 周 KD 在底部（50 以内）经过一次金叉后，3 个月内又发生一
次金叉，则是中线行情的开始，双金叉距离越近越好。**

**● 周 KD 双金叉发生后第一时间介入。**

买入模式6在应用时需注意的问题：

1. 周 KD 双金叉发生的位置越低越好。30 以下最为理想。

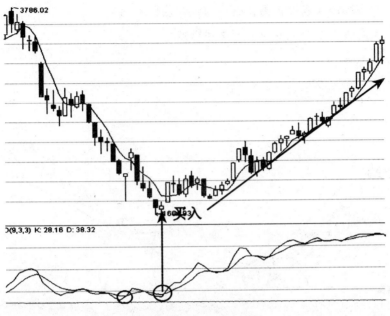

图 46　买入模式 6 图例

2. 双金叉的时间间隔最好不超过 2 个月。

3. 双金叉的 KD 金叉角度越陡峭越好。

 # 大拐点股票买入模式 7：背离见底

买入原理：利用人性弱点，反向操作。

买入模式 7：

● 股价在最近 6 个月的相对底部。

● 股价不断下跌，但成交量、MACD、KDJ、RSI 等重要技术指标不但不创新低，反而呈现反向上升的趋势，出现背离。

- 日线三次以上背离，有中短线抄底获利机会。
- 周线两次以上背离，有中线抄底机会。

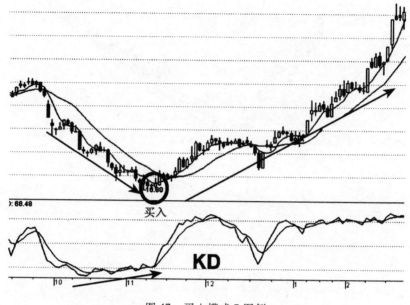

图 47　买入模式 7 图例

买入模式 7 在应用时需注意的问题：

1. 背离的技术指标首选 RSI，其他的次之。

2. 月线背离也是可以关注的信号，一般为一次背离即可。

 **大拐点股票买入模式 8：海底捞月**

买入原理：利用人性弱点，反向操作。

**买入模式 8：**

- 大盘 10 日 BIAS 达到 -8 ~ -10，重仓。

- 大盘 10 日 BIAS 达到 -5 左右，轻仓。

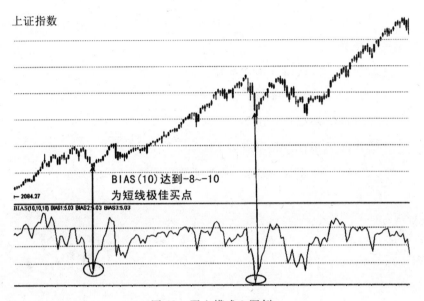

图 48　买入模式 8 图例

买入模式 8 在应用时需注意的问题：

1. 上述关于乖离率的应用是针对大盘而言的。对于个股，10 日乖离率一般要在 -15 以上才可以放心。但个别公司基本面出了天大坏事的除外，比如 2011 年底出事的<u>重庆啤酒</u>之类。

2. 乖离率发出买入信号一般都是在大盘出现极端暴跌行情的背景下。这时，一般技术指标难以发挥作用，市场处于极端恐慌状态，是否敢于买入需要勇气，也需要依靠乖离率这样的敏感指标作为指导。

# 大拐点股票买入模式9：一路畅通

买入原理：超强趋势，顺势而为；牛市不言顶。

**买入模式9：**

• 股价在 **3** 浪或者 **5** 浪中运行。

• CCI 向上刺破 **100** 买入。

• CCI 向下跌破 **100** 出局。

• CCI 顺势指标，创新参数 **23**。

• 只要股价在 **20** 日均线之上就可循环操作。

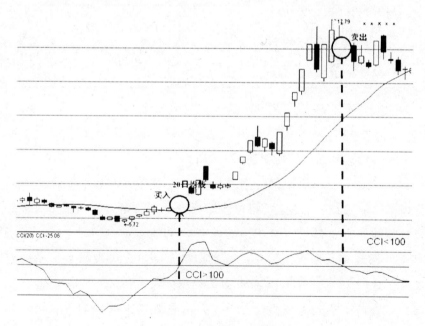

图49 买入模式9图例

●适用于一波大幅上涨后，回调完毕，5 日均线再次掉头向上，且与 20 日均线形成多头排列的股票。

买入模式 9 在应用时需注意的问题：

1. 一般股票软件的 CCI 参数是 14，我们将其改为 23。这个大家需要注意一下。任何软件，各项技术指标参数都是很容易在调整指标参数这个工具中修改的。

2. 上述模型主要适用于上涨趋势之中。在下跌趋势以及震荡行情之中，千万不要使用。

3. 使用 CCI 这个工具往往能骑上一只大牛股，而且不会轻易被牛股甩下。钟情大牛股、希望赚大钱的投资者可以多关注这个指标。

 # 大拐点股票买入模式 10：安全港湾

买入原理：将长期均线作为生命线。

海信电器(月线)

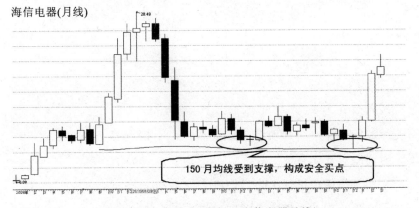

150 月均线受到支撑，构成安全买点

图 50　买入模式 10 图例（海信电器月线）

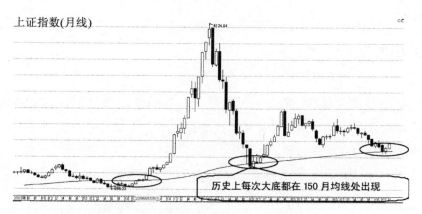

图 51　买入模式 10 图例（上证指数月线）

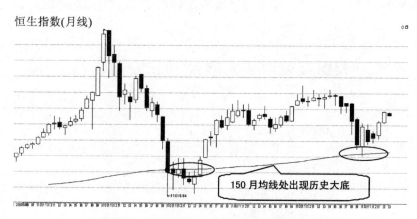

图 52　买入模式 10 图例（恒生指数月线）

**买入模式 10：**

•股价处于一个长期的下跌过程中。一般而言，跌幅超过 **30%**，下跌时间超过 **6 个月**。

•在月线图中设置 **150 月均线**。

•股价跌到 **150 月均线**附近，即为安全买点。

买入模式 10 在应用时需注意的问题：

1. 一般而言，无论个股与大盘均适用本买入模式，香港市场也同样适用。

2. 这个模式的适用股票必须是基本面已经经过检测、符合大拐点选股条件的品种。本章其他的买入模式也是同样的。


# 锦上添花：大拐点股票最佳卖点秘籍

本章主要是讨论买入点的问题（其实本书的重点是选股的理念与方法，不在于买卖操作），但可能还是有部分读者会关心卖出点。

对于实战而言，卖出要比买入简单得多，因为买入一是要选股票，二是要选买点，更需要决策买多少仓位，而卖出只需要一个对于已经持有品种的卖出原则而已。

在这里，我们做一个简单的关于卖出的提示，给出以下两种最简单、便捷、高效的实用卖出模式，以便完善读者的操作体系，使投资者可以最终锁定利润。

 ## 大拐点股票卖出模式1：急拉快出

**卖出模式1：**
- 股价在短期内不间断急剧拉升，急拉升幅超过 **50%**。
- 在收盘价破 **3** 日均线时卖出。

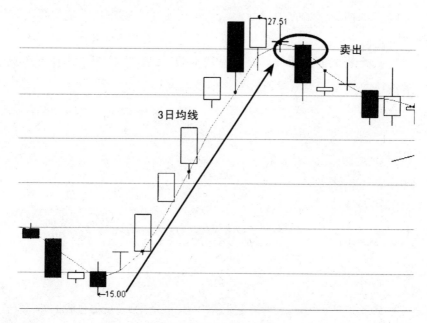

图 53　卖出模式 1 图例

卖出模式 1 在应用时需注意的问题：

大拐点股票因为消息面刺激急拉的时候，不要轻易卖出，但也不要过于贪恋。第一时间的消息面刺激往往具有一定的不确定性，建议以 3 日均线为防守位置。如果是很看好的股票，5 日均线也可以考虑。另外，可以结合 CCI 指标的运用进行防守。

 # 大拐点股票卖出模式 2：慢牛慢来

卖出模式 2：

• 股价以慢牛方式，沿平缓上升通道震荡上行。

144

●如收盘价破 5 周均线，同时 5 周均线开始转头向下，卖出。

图 54　卖出模式 2 图例

卖出模式 2 在应用时需注意的问题：

1. 以慢牛方式震荡上涨的股票，可以用 5 周均线进行最后的防守，也可以在跌破 5 日均线时卖出一半，回到 5 日均线后再买回来。

2. 如果原来以慢牛方式上涨的股票，突然改变原有运行方式，开始加速上涨，以超过 30°的斜率上涨，建议以 5 日均线为卖出依据。

 **大拐点股票卖出环节的特别提示**

由于大拐点股票的特殊性，在卖出时还必须注意：

●**节制**。如果是需要卖出购并重组类型的大拐点特征股票，将公布预案视为利好出尽，不必继续等待后续报批、审批等消息。在第一时间消息明朗后的上涨时择机（依据上述技术特征）卖出（见图55）。

成飞集成(周线)

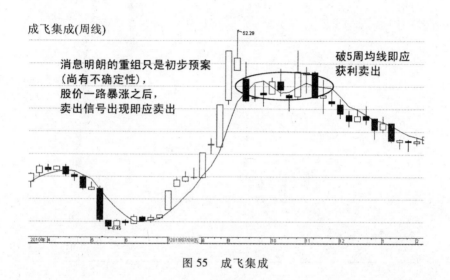

图 55　成飞集成

●**循环**。在卖出具有大拐点特征的股票后，还应该继续关注已经卖出的股票。已卖出股票再次出现买入机会的时候可以再次操作（见图 56）。

另外，老何要对大拐点股票的卖出操作提出以下特别忠告：

忠告1：如果你是一位追求涨十倍公司的价值型投资者，卖出是一件很痛苦的选择。因为没有长期的持有，就不会有超额的收益。所以，卖出对于涨十倍的追求是一件遥远的事情。

忠告2：十倍收益的获取，有时候是在一家公司上面体现，也就是一个完整的十倍收益。但在现实中，有的股票涨了七倍、五倍甚至只有一倍，这时公司基本面出现了特别的变化，那么就不再适合继续持有该公司股票。在这样的前提下，不要顽固地进行所谓的价值投

莱宝高科(周线)

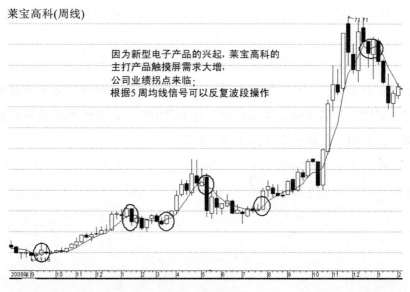

因为新型电子产品的兴起, 莱宝高科的
主打产品触摸屏需求大增;
公司业绩拐点来临;
根据5周均线信号可以反复波段操作

图56　莱宝高科

资、长线投资。

在现实中, 十倍收益经常是在两到三只股票上实现的。比如, 你投入 100 万元资金, 一只股票赚了两倍, 你的资金已经到达 300 万元, 如果再买一只能够赚两倍的股票, 你的资金就会达到 900 万元, 已经接近 10 倍收益。所以, 卖出既不是随意的, 也不是固执的。

忠告 3: 在我们的身边以及通过各种渠道了解, 在股市中真正能够获取长线超额收益的只是少数人。这些人不但具备挖掘涨十倍股票的能力, 还往往具备一般人少有的投资性格——独立。

这是一种很难复制的性格。这种性格使他们在市场的巨大波动中能够泰然处之。而对于绝大多数投资者而言, 是难以做到的。

所以, 我们建议, 在实战中, 大多数投资者还是以我们前面给出的更加现实的两大实战卖出规则进行运作为好。虽然，每一次操作不见得有十倍收益，但积少成多，最终的十倍收益就不会仅仅是梦想。

大拐点股票的买点选择十分重要，关系到最终收益的多少，也关系到持有信心与心态。**本章给出的十大买入模式，分别适应不同类型的市场情况，需要大家灵活掌握。对于我们选出的最优秀的大拐点股票，只要符合任何一条买入模式，都可以大胆买入。**

但这里还有一些问题需要解决。每次买入多少？是全仓买入呢，还是半仓，或是其他的仓位？

# 第五章
# 构建大拐点股票最佳仓位

当我们选中一只大拐点股票之后，就有一个买多少的问题。常识是顺势而为，最难以把握的做法是逆向操作（但不是逆市而为）。大多数投资者还是应该顺从趋势的变化而确定相应的仓位。唯独可以例外的是具有超强素质的巴菲特式的价值型投资者。

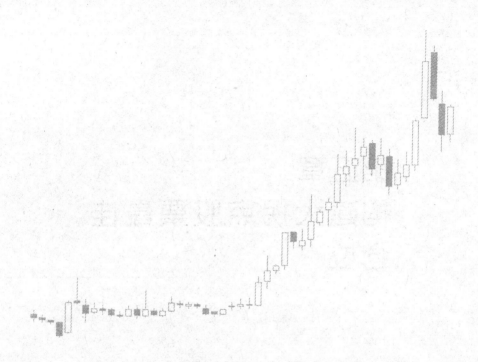

在具体实战操作具有大拐点特征的股票时，先选择目标，从众多公司之中选择出具有大拐点特征的品种。

当然，选择方式可以是自上而下的，通过模型与选股条件去一一筛选，也可以是在日常生活中发现潜在目标，进而去研究。在取得目标股票之后，将其中有更强的内在爆发动能、上涨动力的品种列为实战目标。最后再利用我们给出的买入条件找出相对的最佳买点。

但上述这些是不是就解决了所有问题呢？还没有。还有仓位问题，也就是买多少的问题。而买多少其实就是根据大盘趋势的状态来决定投入多少资金。

最简单的道理就是，大盘趋势好，就多买目标股票；趋势一般，就少买；趋势不好，就不买。其中，市场趋势的大小拐点与目标股票的操作需要一个有机的配合。

# 趋势拐点与股票拐点的交易配合

是不是任何股票，都需要看大势来具体运作？这个问题其实是没有标准答案的。

在特殊情况下，某些高价值的股票，由于自身而非整体市场的原因而出现非常低谦的价格时，也可以不看市场整体趋势而大量买入。

对于真正的大师级人物，对于心态很好、具有资金优势的人，是可以这样做的。因为一旦心理优势、资金优势能融为一体，就会无敌于天下，但这样的人毕竟是少数。从目前来看，世界上也就巴菲特具备这样的优势。

对于绝大多数投资者而言，这种方法不是很适合。绝大多数投资者没有资金优势，更没有心理优势，所以，按部就班地按照相对科学的资金与市值管理模式操作最为可取。

具体而言，就是**结合大盘趋势的变化，即大盘趋势的拐点，在不同趋势状态下，具体决定投入多少资金买入已经出现买入信号的大拐点公司股票**。利用有效的大盘趋势与个股拐点的配合，可以使投资更加科学，利润相对稳定，风险相对可控，为最终追求的市值最大化、市值不断长期上升打下良好基础。下面具体介绍最为简洁的资金、市值、仓位管理模式。

# 仓位构建与市值管理

在确定需要买入的大拐点目标投票之后，解决到底需要买多少的问题，在实战中并不困难，最常规的做法就是顺势而为。

但需要注意的是，只要趋势发生变化，仓位就要立即跟随变化，不可以拖延与滞后，否则就达不到配合的要求。

 ## 谨慎为上：5 月黯淡，仅可"喝粥"

在 5 月均线向下时，说明市场中期趋势不好，但其间或许有反弹行情，仅可以在有周线级别反弹信号出现的前提下适量小仓位参与，也就是"喝粥"的行情。这样的行情不可贪多，不会让你吃得很饱，需要适可而止。否则不但"粥"喝不成，反而会"闹肚子"，吐出你的"口粮"。切忌！

具体操作原则如下：

1. 大盘站上 5 周均线，则买入 30%～50% 仓位。可根据大盘指数调整程度与位置高低决定更细节的具体仓位比例。

2. 破 5 日均线时全部卖出。

3. 卖出后，如未继续破 5 周均线，并再次站上 5 日均线，则再次买回。

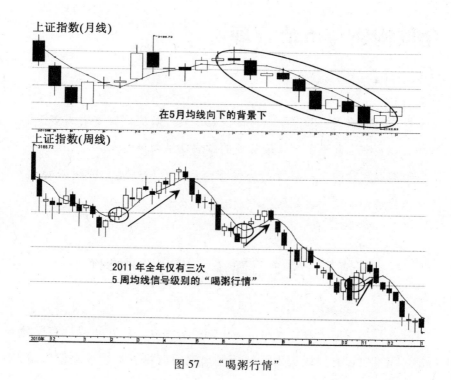

图 57　"喝粥行情"

 ## 积极进取：5 月星光，大饱口福

　　在 5 月均线向上时，说明市场总体中期趋势向好，可以相对大胆操作，可以有相对大的仓位投入，但同时也不要忘记，大牛市信号尚未发出，还是要在相对看多的前提下留有一份清醒与谨慎。在这一阶段，指数不见得一定有多牛，但个股行情会异常火爆，抓住时机会"大饱口福"。

　　具体操作原则如下：

　　1. 大盘站上 5 周均线，则买入 70% 以上仓位。

2. 破 5 日均线卖出一半，破 5 周均线全部卖出。

3. 如果破 5 日均线后未破 5 周均线，再次翻上 5 日均线，则再次买入卖出部分，循环操作。

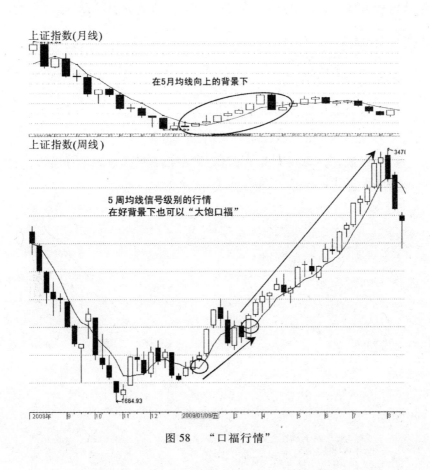

图 58  "口福行情"

 ## 全线进攻：没有最多，只有更多

根据我们的研究发现，在 5 月均线向上的前提下，如果 44 月均

线也开始向上，而且 5 月均线与 44 月均线出现金叉，也就是呈多头
排列，同时指数多半也会站在两条均线之上，这个信号就是确立大
底、大牛市的信号，说明市场已经处于大多头长期看好的趋势状态，
就可以重仓甚至满仓操作。这一时期往往是难得的最佳赚钱时机，对
于赢利而言，没有最多，只有更多。

具体操作原则如下：

1. 可以满仓买入操作。

2. 周收盘股价跌破 5 周均线时卖出一半。

3. 月收盘破 5 月均线则全部卖出。

4. 如跌破 5 周均线卖出一半后，价格没有继续跌破 5 月均线，股
价再次返身站上 5 周均线，则买回卖出部分。

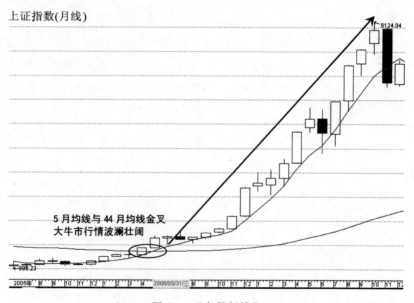

图 59　"大餐行情"

# 特别公司需要特别对待

对于上面关于趋势与股票之间的配合关系，也就是仓位关系，总体上是没有问题的，但有以下几点需要说明：

1. 以上所有操作模式都建立在所买卖的股票已经具备大拐点明确特征、已经入选大拐点股票池、已经出现前面所说的买点的基础上。

2. 对于公司基本面特别优秀、公司拐点极为重大的特殊公司，可以在上述仓位基础上增加20%比例，卖出标准也可以放宽到周线级别。也就是说，破5日线之类的卖出信号可以不予理会，破5周均线以上的卖出信号才应该执行。

但具体到公司层面，到底所谓的特别公司如何掌握，要看个人的价值观与前瞻性。这里无法统一规定。如果没有很高的认知概率，没有特别的能力，还是严格按照上述原则处理仓位为好。

3. 对于完全不看市场趋势，而只根据个股价格与价值低估程度而确定买入仓位的投资方法，我们不提倡普通投资者使用。因为普通投资者很难不去每天关注大盘走势，很难拥有超越市场波动的心态，也很难精确判断股价是否低估以及低估的程度。但对于真正的大师级人物，对于心态很好、具有资金优势的人，是可以这样做的。

# 仓位控制与市值增长

在本章，之所以重点讲述仓位如何确立，如何管理仓位，究其本质是为了账户市值的最大化，也就是为了账户不断升值的目的。

　　比如，在大盘趋势向好的背景下，正常而言，你该重仓持有股票。这样账户市值就会不断增值。反之，大盘很好，你轻仓观望，甚至空仓恐惧，那就是错误的仓位管理，也就不会使账户升值。

　　同样的道理，在大盘趋势向淡的背景下，正常而言，你该轻仓持有股票，甚至空仓观望。这样账户市值就不会降低。反之，大盘不好，你重仓出击，那就是错误的仓位管理，账户市值或许会出现巨大的风险，很多人就是这样在股市中被消灭的。

　　所以，我们永远也不要忘记，管理仓位是为了使账户市值不断增值，避免贬值。虽然我们无法做到每天的升值，也无法避免短期的贬值，但只要严格按照我们给出的仓位管理原则，加上你所操作的股票又是大拐点公司，你的账户市值曲线保持长期向上升值的趋势状态还是可以实现的。

# 第六章
# 17年大拐点公司实战研究

　　昨天的最好毫无意义，今日的最好也只是一笑而过，而明天的最好，没有人能知道。我们所有的研究，只是为了一个美好的希望，一个美好的预期，一个追求的梦想。

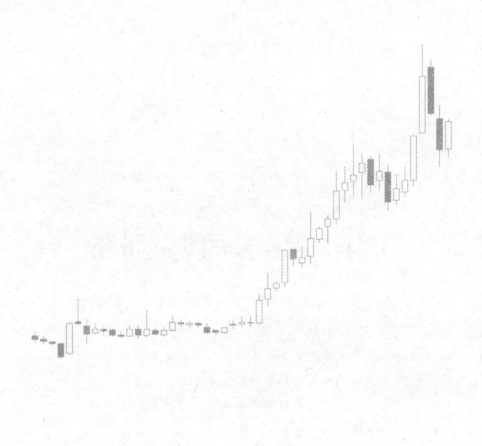

回首一望，老何进入证券市场已经 19 个年头，对于大拐点理论朦胧的感觉大概是 1996 年开始出现。17 年以来，每每研究并看好的公司，基本上都符合大拐点理论。

早年自己亲历了很多实战，后来则由于工作关系主要从事研究工作，也就是进行具有实战价值的上市公司研究，为投资者提供具有实战价值的研究成果。这种研究与探索已经成为老何一直以来的最大兴趣与爱好之一。

同时，老何在成长过程中，也见闻了很多身边朋友或者一些市场精英们的投资事迹（部分案例已经在前面的篇章中配合大拐点各方面内容有所展示），许多的精彩都直接或间接地与大拐点公司的研究有关。

下面就让我们一起回顾一下曾经的大拐点公司的研究与探索历程。

# 1996年，追求高成长的理念初步形成

1996年之前中国股市基本上是一个非理性的、存在严重缺陷的市场。进入1996年之后，虽然市场还是一个不完善的市场，但追求未来高成长的理念初步形成。我们的头脑中，已经初步建立了以价值为基础、以成长性为核心的投资理念，尤其注重公司未来价值的挖掘，这时已经为大拐点理论的诞生埋下伏笔。沿着这一理念，我们在市场中寻找到了当时公司基本面保持优秀、业绩刚刚步入高速成长期的企业，比如深科技（目前的长城开发）、青岛海尔以及后来的格力电器等。

 **深科技：曾经的绩优高成长科技股典范**

深科技是深市一家从事计算机磁头、驱动器生产的上市公司，其大股东为中国电子信息产业集团公司和博旭有限公司。该公司的一个重要特色是，其主要的科研人员是从国外一些著名科研机构、研究所、高等院校"挖"回来的高素质人才，这一特点奠定了深科技主导产品的高科技含量和技术水平在国际市场上的巨大竞争力。

深科技在生产经营上的第一次飞跃是在1995年，在全体科研人员的共同努力下，其当时的主导产品MIG磁头实现技术上的重大突破，产品合格率大幅提高，国外订单如雪片般飞来。1995年的经营业绩飞跃，使深科技成为当时计算机磁头三个生产巨头之一。随后，公司继续开发技术水平处于世界领先地位、附加值极高的MR、TR磁

162

头，未来前景更加看好。

1996 年初，公司公布财务报表后，其巨大的被严重低估的市场价值立即受到广大投资者的关注，其股价也一跃由三线股变成一线高价股，一度成为市场明星，而高比例送配方案 10 送 10，更为公司股票的炒作增添题材。最终该股成为 1996 年大牛市行情中最具爆发力的大牛股之一，最大涨幅高达 20 倍以上。

我们在 10 元以下看好该公司，当时公司基本面刚刚明朗，已经确定将步入高增长阶段，未来前景看好，高成长可期。一直持续到公司 10 送 10 除权之后，我们对该公司的看好才告一段落。因为股价涨幅过大，已经有透支未来预期的嫌疑。

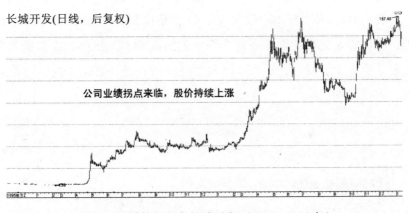

长城开发(日线，后复权)

公司业绩拐点来临，股价持续上涨

图 60 深科技（现名长城开发）(1996—1997 年)

 ## 青岛海尔：绩优家电股生逢其时

20 世纪 90 年代，家电公司在中国空前繁荣，青岛海尔这样的优质公司更是一马当先。当时的四川长虹、江苏春兰、格力电器等也成为市场的宠儿。尤其是四川长虹，更是当时沪市的绝对龙头。

海尔公司的崛起是在冰箱领域，公司产品先后出口到法国、荷兰、美国，既拓宽了国际市场，又大大加速了创国际名牌的进程。海尔坚持"用户永远是对的"的服务宗旨，以高品质的服务标准和完善的服务体系来赢得市场，赢得用户，并因此获得国际星级服务顶级荣誉——五星钻石奖。1996 年的海尔已经在国内确立了中国家电第一名牌的地位，随后公司还将向世界家电名牌的目标迈进。

公司 1996 年上半年按 10∶3 的比例向全体股东配股，社会公众股东还可按 10∶4 的比例受让法人股东转让配股权；1996 年下半年公司每 10 股送红股 2 股并派发现金红利 1 元（含税）。该股股价由 1996 年初的 4 元多涨到 1997 年 7 月的 34 元（未复权）。

我们看好海尔的理由很简单，那就是中国步入家电需求的爆发期，作为行业龙头的优秀企业必将率先出现向上大拐点，业绩步入爆发期。事实上，海尔公司以及海尔产品也的确是一直让人放心与信赖的，直到现在。

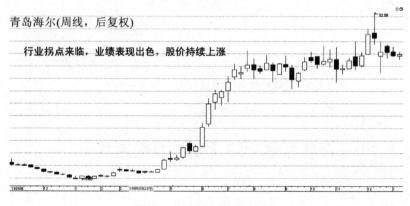

图 61　青岛海尔（1996 年）

# 1997 年，继续深入追逐高成长神话

1997 年初，大盘延续 1996 年大牛市的行情，随后在当年中期见顶回落。在这一年，市场的主题还是延续绩优高成长的主线，其中基本面正处于向上大拐点的优秀公司成为我们的首选。根据我们的投资理念，看好绩优、高成长、高送转的品种是毫无疑问。当时风华正茂的东大阿派、鲁北化工进入了我们的视野。

 ## 东大阿派：小盘高成长神话<br>在中国股市的处女作

计算机作为改变企业和社会技术和管理水平的基本工具，在当时已经成为各行各业投资的重点。软件作为计算机的核心，成为全世界经济增长中发展最迅速的产业，在我国也被赋予了重要的地位，被国家提到了重要议事日程。国民经济信息化进程的加快，为我国软件产业展现了巨大的市场。中国在当年已成为世界关注的软件消费大国。

东大阿派（目前的东软集团）的主要产品——大型应用软件系统，包括开放系统的基础软件、支撑软件、应用开发工具和各类网络系统等成为中国软件市场的热门产品。东大阿派从国内近两千家计算机软件公司中脱颖而出，有幸成为中国首家在国内公开发行股票并上市的专业化软件企业。

我们看好该公司的最重要理由就是公司的持续高速增长。公司在 1992—1995 年连续四年利润总额等主要经济指标保持 100% 以上的高

速增长。在这个基础上，1996 年又继续保持了高速发展态势，主营业务收入、利润总额等主要经济指标再一次以超过 100% 的速度增长，创造了连续五年高速增长的业绩。公司全年实现主营业务收入 10496.3 万元，比上年增长 120.0%；利润总额 3538.7 万元，比上年增长 214.1%，完成年初预测的 147.7%；人均创利 12.4 万元，整体业绩令人无限鼓舞。

当时充分看好东大阿派的理由还在于公司潜在的利润增长点十分突出：

1. 传统优势业务：东大阿派的传统优势业务连年以 100% 的速度增长，国内对其存在广泛的需求，这也是东大阿派的利润增长点。

2. 数字医疗设备：东大阿派在全身 CT、彩色 B 超等方面已经取得了一些突破，在当时尚未达到经济规模的情况下，已经取得了良好的效益，短、中、长期均有望给企业创造良好的效益。

3. 软件出口：东大阿派在软件出口方面有一定的经验，与国外的合作较多。由于国外的软件市场规模大，东大阿派拥有成本优势，软件出口将成为中长期的利润增长点。

4. 中间件的复用：经过数年的积累，Openbase 在国内有一定的市场，中间件产品也有一定的市场份额。随着中国软件市场的成长，存在对底层数据库和中间件的广泛需求，如果 Openbase 和中间件的技术储备能转化为利润，这将意味着东大阿派出现一个"利润与收入同步增长"的新阶段，也意味着东大阿派真正具备与国际软件企业竞争的条件，这是长期的潜在的利润增长点。

二级市场方面，当年公司还实施了每 10 股派送 3 股红股转增 5 股的送转方案。该股股价持续大涨，一度成为市场追捧的对象。

东大阿派符合高增长、小市值的特征，同时具有步入新一轮高增长的拐点特征，成为我们 1997 年上半年最好的研究成果。

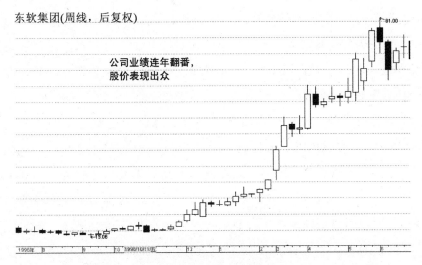

东软集团(周线，后复权)

公司业绩连年翻番，
股价表现出众

图62  东大阿派（现名东软集团）(1997年)

# 鲁北化工：当年业绩的高成长与循环生产概念令人心动不已

山东省最北端无棣县埕口镇，一个人口不足3万人的小镇，濒临渤海，素有"山东北大门"之称，<u>鲁北化工</u>就位于这里。紧靠河北的黄骅港，便利的海上交通、丰富的卤水资源、广阔的盐碱滩涂等特殊的地理位置，<u>鲁北化工</u>凭借上述众多优势，在20世纪90年代迅速崛起，创造出不少业内奇迹。当时<u>鲁北化工</u>在无棣县是最大、最牛的企业，无棣县的纳税大户。

随后<u>鲁北化工</u>先后获得多项荣誉：中国鲁北生态工业示范园区，联合国环境规划署生态工业典型，国家循环经济试点单位，国家海洋科技产业基地，中国鲁北生态工业模式，国家环境友好企业。

<u>鲁北化工</u>于1996年5月登陆资本市场，时任董事长是冯怡生。

冯乃股份公司元老级的人物，在整个鲁北集团有着特殊的地位与威望。冯是磷肥行业有名的专家，罩在他身上的光环可谓繁多。公开资料显示，冯怡生曾任全国硫酸协会理事、全国磷肥协会理事、全国盐化工专业委员会委员，享受国务院特殊津贴。

天然石膏制硫酸联产水泥实验成功，该公司建成了我国第一套"双段中和、单效浓缩、喷浆造粒"磷铵生产装置，并进行了联动试车，取得了一次性试车成功。公司技术被确定为我国独有的、具有革命性意义的"零排放"可持续发展技术，其循环经济还得到中科院的肯定，并成为首批国家循环经济试点单位。在制造磷肥领域，鲁北化工一度遥遥领先。由于公司采用的是国内唯一的磷石膏制硫酸专利技术，生产成本低，经济效益格外明显。上市之前即 1995 年，公司已经实现利润总额达 6000 多万元。上市之后，鲁北化工业绩继续保持难得的高增长。从 1996 年开始，净利润加速递增，1996 年净利润刚达 6000 多万元，到了 1999 年，已经突破 2.7 亿元大关，年均增长率 70.7%，当时在全国 1400 多家化肥企业中位列第一名。

1997 年 3 月，公司用资本公积以 10：10 比例转增股本，更加增添了市场炒作热情，股价一路高涨，成为当时机构极为看好的超级牛股。

我们在 1996 年底开始看好该公司，老何还亲自坐火车，转汽车，一路颠簸前往公司参加股东大会。我们当时的结论是：公司处于独家绿色"零排放"生产工艺的爆发期，业绩拐点明确，未来增长潜力巨大，符合大拐点股票特征，是当时难得的优质投资标的。

后来鲁北的衰落的确令人惋惜，作为曾经的行业龙头，鲁北化工没有抓住机会打造完整产业链，购并矿产资源，是一个重大失误，使其失去了继续增长的潜力。但作为当时持续 3 年的高增长企业，我们当时的发掘还是成功的。

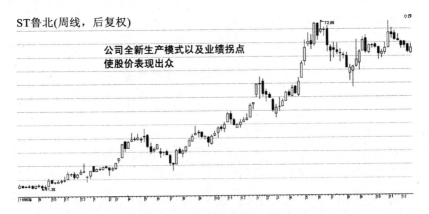

ST鲁北(周线，后复权)

**公司全新生产模式以及业绩拐点
使股价表现出众**

图63　鲁北化工（现名 ST 鲁北）(1997—1998 年)

☞ **精彩见闻**

### 老基金兄弟们的理念目前来看也是很新的

目前的基金兄弟们都很风光，拿着大把的资金，拿着高额的管理费，但大多数还是不能给出很好的回报。回想起当年最老的一批基金，如富岛基金、天骥基金、南山基金以及受益券类的君安受益等，在 1995—1997 年就曾经有过无限的风光，那才是真正的风光。他们不但理念超前，行动果敢，绩效突出，而且树立了很好的口碑与品牌。即便以目前的眼光来看，很多老基金当年的理念也是很新的。

记得当年这些朋友挖掘<u>苏常柴</u>，一路持有，终成正果；超前看好当时的家电龙头<u>四川长虹</u>，重仓介入，一路持有，获取了超额收益。其实，发掘这些当年的绩优股，无不是超前预见了公司基本面有望出现根本性变化，继而有坚定持有的信心，而这些信心与这些中国基金业的开拓者们的理念与理性有极大的关系。

当时，这些朋友已经超前地提出了以成长性为核心的理念，也就是注重公司基本面的未来变化。当公司基本面出现重大变化，而市场低迷的时候，有信心进行艰苦的坚守，因为，当基本面出现重大转折时，也就是最具投资价值的时候。一旦看好并买入持有某家公司之后，就持续关注公司基本面的变化，看看什么时候会出现反向的拐点。

据说当时重仓持有长虹的基金公司，时时关注着长虹的月度生产与销售状况，甚至有专人负责关注相关信息。所以，超额收益的获取与大理念、大魄力有关，也与很多细节有关。

四川长虹(月线，后复权)

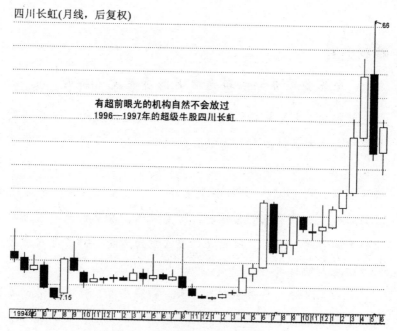

图64　四川长虹（1996—1997年）

# 1998 年，震荡市之中寻找长线看好的绩优稳健公司

股市从 1997 年下半年开始进入调整，整个 1998 年是一个震荡市场。指数没有大行情，但优质的个股还是有出色的表现。而我们的理念没有任何改变，继续寻找有价值支撑，未来有成长空间，公司基本面出现向好拐点特征的优质公司。中信国安、中兴通讯被我们挖掘出来。

 ## 中信国安：大股东实力不容小视

中信国安信息产业股份有限公司是由中国中信（集团）公司之全资子公司——原中信国安总公司发起设立的高科技上市企业。1997 年 9 月 22 日，公司在深圳证券交易所上市。

公司以国家重点支持发展的高科技产业为主营业务，主要从事信息网络基础设施业务中的有线电视网、卫星通信网的投资建设，信息服务业中的增值电信服务、网络系统集成、应用软件开发。此外，公司还从事盐湖资源开发、高科技新材料的开发和生产、房地产开发、工程建设和物业管理业务。

上市以后，公司坚持以科技为先导，以效益为中心，通过大胆的市场开拓、创新的资本运作及高效率的资本市场融资，经营业务快速发展，资产规模迅速扩大，成为极具竞争优势的企业。

1998 年市场并不是很好，我们当时看好国安的理由很简单：

1. 公司的股东背景强大，中信是极具实力的国内大公司。

2. 国安公司的业务都很有前景，无论是有线电视网络，还是盐湖业务，都很有着资源的垄断性。

这意味着公司在大股东的背景下，在优质资源的支撑下，基本面随着上市的实现将出现继续的变化，公司基本面的拐点有望出现。二级市场方面，1998 年 4 月，公司实施每 10 股送 4 股再转增 6 股的分配方案，为二级市场的炒作增添了题材。该股股价在 1998 年表现出色。

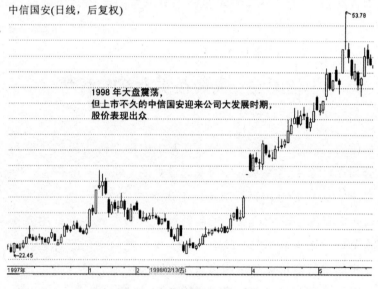

图 65　中信国安 （1998 年）

 **中兴通讯：科技制造蓝筹形象已树立**

中兴通讯成立于 1985 年，是全球领先的综合通信解决方案提供商，是中国最大的通信设备上市公司，是全球第四大手机生产制造商。公司通过为全球 140 多个国家和地区的电信运营商提供创新技术与产品解决方案，让全世界用户享有语音、数据、多媒体、无线宽带等全方位沟通。中兴通讯坚持以持续技术创新为客户不断创造价值，并引领全球通信行业技术革新。公司在美国、法国、瑞典、印度、中国等地共设有 15 个全球研发机构，2.5 万名国内外研发人员专注于行业技术创新，并取得 3 万多项专利申请。公司依托分布于全球的 107 个分支机构，凭借不断增强的创新能力、突出的灵活定制能力、日趋完善的交付能力赢得全球客户的信任与合作，服务于全球百强运营商中的 59 家。

中兴通讯为联合国全球契约组织成员，坚持在全球范围内贯彻可持续发展理念，实现社会、环境及利益相关者的和谐共生。公司运用通信技术帮助不同地区的人们享有平等的通信自由，将"创新、融合、绿色"理念贯穿到整个产品生命周期，以及研发、生产、物流、客户服务等全流程，为实现全球性降低能耗和二氧化碳排放不懈努力。未来，中兴通讯将继续致力于引领全球通信产业的发展，应对全球通信领域更趋日新月异的挑战。

上面的一些介绍是中兴通讯目前的最新情况，但在当年中兴通信已经崭露出行业霸主的头角，业绩优秀而且保持持续的增长。在 1998 年，就已经可以看出公司管理规范，技术领先，服务优质，是当时中国股市少有的优秀科技制造业蓝筹类型公司。

在 1998 年看好这样的公司是不二的选择，一方面是规避风险的考虑，另一方面是看好中国未来通信行业的巨大发展潜力，看好中兴通信公司基本面所面临的重大机遇。所以，无论是行业还是公司本身，重大拐点都显露无遗。

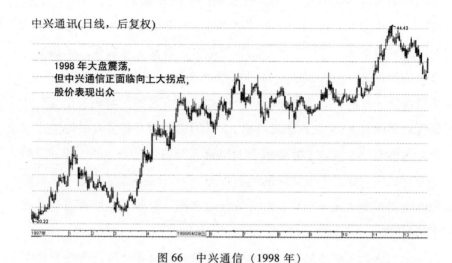

中兴通讯(日线，后复权)

1998 年大盘震荡，
但中兴通信正面临向上大拐点，
股价表现出众

图 66　中兴通信（1998 年）

# 1999 年，网络浪潮开始涌动

　　当进入 1999 年后，大盘先是继续探底，随后著名的 "5·19" 行情爆发。龙头是谁呢？东方明珠。为什么是它？因为，当时世界上网络浪潮已经兴起，任何有网络概念的公司都会风起云涌，作为拥有东方网、上海有线网的东方明珠自然受益其中。我们自然也看好这只很正宗的上海本地网络龙头。

# 东方明珠：历史上的龙头再度出山

东方明珠比起很多上市公司都要名气大，因为它是中国大陆第一家文化类上市公司，也是最早走向信息媒体产业的上市公司。公司拥有上海标志性建筑——东方明珠广播电视塔。该塔地处上海的黄金地区陆家嘴金融贸易区，塔高 468 米，当时为世界第三、亚洲第一高塔，由公司全额投资 8.3 亿元建造。公司一直得到国家各级政府的大力支持。1994 年江泽民总书记参观了电视塔的设计及建造后，题写了"东方明珠"四个大字；1996 年江总书记登上电视塔俯瞰申城新貌时，对电视塔规范热情的服务给予了充分的肯定，又欣然题词"明珠璀璨耀东方"。

1994 年东方明珠上市之初就曾引发一轮"新上海概念股"的火爆行情，老何也就是在那个时候爱上了明珠。在随后的东方明珠转配股认购中，老何极力推荐周围的朋友全力认购，后来这些朋友都赚了大钱。而 1999 年"5·19"行情更是东方明珠携有线电视网络概念揭竿而起，领军在前；2000 年的转配股上市巨大压力的化解、转配概念的核心仍然是东方明珠。东方明珠这家上市公司，这只股票，对于中国证券市场的作用已远远超出一般公司研究与价值评估所能得出的结论。

当年看好东方明珠，一方面是由于历史上的感情因素，更重要的是看好公司极强的政府背景及行业垄断背景。在 1999 年网络股的预演行情中，最正宗的网络龙头自然让我们想到公司的网络业务拐点是否到来。在得到确定的分析结论后，我们在 1999—2000 年持续看好该公司。

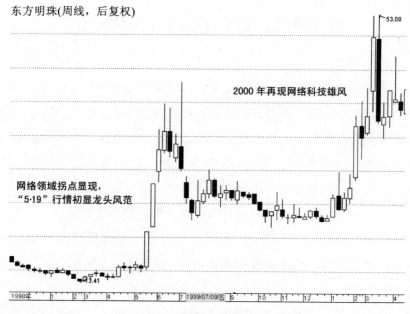

东方明珠(周线，后复权)

53.08

2000 年再现网络科技雄风

网络领域拐点显现，
"5·19"行情初显龙头风范

3.41

1998年  1  2  3  4  5  6  7 1999/07/09五  9  10  11  12  1  2  3  4

图 67　东方明珠（1999—2000 年）

☞ **精彩见闻**

## 私募公司的眼光

在中国，私募基金一直是一个很有争议、很神秘的机构，虽然近年私募基金已经阳光化，已经在公众之下逐步开放。

在早年（1999 年以前），只有少部分私募基金可以说十分强大。说其强大是因为它的理念，而绝非资金实力。在中国资本市场资产重组刚刚兴起的时候，部分机构就有很超前的理念。它们绝非简单地看好二级市场的炒作，而是以重组公司、整合资源为目的，以做强做大上市公司为宗旨，为企业出主意，想办法，以资本手段促进企业的重大改变，进而实现长期稳定的发展。

以金融街为例，公司以前叫重庆华亚，以造纸为主业，业绩连年下滑，难以维系，需要重组。当时北京的金融街公司却面临重大发展机遇，公司需要开发北京重要的金融街地段，需要资本市场的支持。有眼光的机构将两者的需求相结合，就打造出一个完美的重组经典。后来金融街公司的基本面表现以及股价表现就已经十分说明问题，无论一级、二级市场都获得巨大的成功。

无论什么时候的市场，都需要有眼光、有思想、能创新的机构投资者。

金融街(月线，后复权)

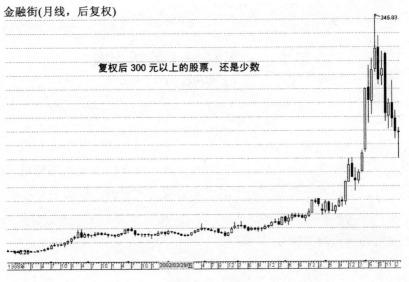

图68　金融街

# 2000 年，牛市向纵深发展，购并重组如火如荼

2000 年的中国股市与 1996 年很有可比性，都是涨一年的大牛市，各类品种轮番上涨，而自 1998 年开始被市场关注的、被很多机构热衷的资产重组也热火朝天。资产重组类股票风起云涌，成为当时一道绚丽的风景线，以炒作为主要动力的虚假重组大肆横行，实质性的重组不多。

重组股作为大拐点股票中的一类形态自然也受到我们的关注，而我们重点关注的是有实质重组题材的、具备大拐点特征的公司——粤华电。

##  粤华电：关注已久的质变股终于发力

粤华电前身是珠海经济特区电力开发公司，1994 年初发行社会公众股并在深交所上市。公司主营电力生产，兼营输变电专用机械、电子专用设备、整流装置、电工器材等。从大环境说，作为地方办电的厂家，公司的小机组、小油电将按国家政策"关、停、并、转"，从而慢慢地退出历史舞台。

1998 年，我们开始关注该公司。由于上网电价下调以及油价飞涨带动成本上扬，电力资产的经营举步维艰，公司业绩已经出现亏损。事实上，早在 1995 年、1996 年，公司已开始探讨重组方案，政府也一直关心公司的出路，希望公司能有新的发展。我们亲自前往公司参

加股东大会，进一步了解公司状况以及重组可行性。

2000 年 12 月 13 日，粤华电发布公告称，公司大股东珠海电力开发集团将其所持公司 33.2% 的股权中的 15%、5%，分别转让给深圳清华科技开发公司和北京清华科技园发展中心，并在珠海正式签署转让协议。至此，市场中流传的"粤华电—清华"重组一案终于水落石出。在珠海市与清华全面合作的基础上，公司方得以重组，走出困境，并在新市场经济环境下重新焕发生机，这也是市政府的良好愿望。

粤华电的重组虽仍沿袭"股权转让—资产置换"的模式，但也表现出一定的个性：

1. 换壳前就进行资产剥离。一般而言，重组方先购买上市公司股权，再由上市公司回购其优质资产或进行资产置换，既可以大大提升公司业绩，又可以实现重组方套现或实现股权互换。但此次粤华电（11 月 28 日董事会公告）先转让公司持有的珠海华电印务有限公司 75% 股权，并将公司下属前山电厂、船务公司股权、恒月公司股权等电力资产、房地产及相关资产转让给珠海电力。显然，对于此次重组，珠海电力并没有"收钱走人"，而是为上市公司减轻负担出一份力，为将来清华科技整合资产创造有利条件。

2. 改"进一退一"模式为"进二留一"模式。先前大多数换壳案例中，一般股权全部转让，原大股东退出，新股东入主。在粤华电重组案例中，珠海电力重组后由老大演变为老二且股权比例仅相差不到 3%。这既节约了清华科技的重组成本，又使其可以分享今后公司丰厚利润的相应比例，表面上不失为一种双赢格局，实质上仍是重组各方在重组博弈中的利益均衡。另外，战略股东多元化还可以克服公司治理结构中的诸多问题，有利于董事会中的权力均衡，从而避免大股东"一言堂"现象。

应该说，重组后的粤华电股权结构将趋于合理。此次，清华科技和清华科研园联合入主，集中了清华在北京、深圳的科研实力，对于粤华电之后的发展后劲无疑是大有好处的。公司之后将重点发展电子、微电子两个产业，力争成为高科技孵化器，前景看好。公司基本面的重大拐点随之诞生。

目前该公司名称已经变更为力合股份。

力合股份(周线，后复权)

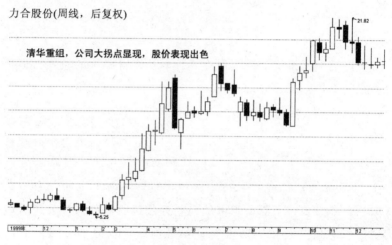

图 69　粤华电（现名力合股份）(2000 年)

# 2002—2004 年，震荡之中，五朵金花轮番绽放

2002—2004 年是中国股市的震荡调整时段，整体市场大部分时间

处于震荡之中。在此段时间内，行业开始复苏的"五朵金花"（汽车、石化、钢铁、电力煤炭、金融）以及行业复苏的航运业轮番绽放，尤其是2003年以后，五大板块表现突出。

当时我们最看好的就是已经出现行业整体大消费拐点的汽车行业。我们预言，自家电行业之后，中国的汽车消费高潮即将来临。其中最看好长安汽车、上海汽车。

 # 上海汽车：汽车消费周期来临

从行业看，上汽股份当年属汽车零配件行业，但市场一致预期公司实现上海通用汽车有限公司控制权后将归属完整的汽车行业，其最终定位为中高档轿车与高质量轿车零配件行业。

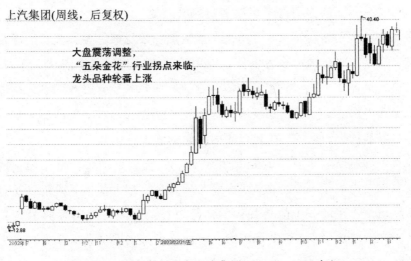

上汽集团(周线，后复权)

大盘震荡调整，
"五朵金花"行业拐点来临，
龙头品种轮番上涨

40.40

12.88

2002年　　　　　　　　　　2003/02/21/五

图70　上海汽车（现名上汽集团）（2002—2004年）

从股东背景来看，上汽集团实力非凡，在国内地位举足轻重，同时又有通用的技术合作作为支撑。在汽车行业整体复苏、中国市场整体汽车大消费浪潮到来之际，没有理由不看好中国汽车市场的龙头公司上海汽车、一汽轿车、长安汽车等。

我们从 2002 年开始关注该公司，并持续看好到 2004 年上半年。而该股也的确走势良好，一直呈现慢牛的长线上升走势。

# 中远航运：行业周期步入佳境

中远航运股份有限公司 2002 年 4 月 18 日在上海证券交易所挂牌上市，成为中远集团航运主业在国内资本市场的第一家上市公司。公司按照既定目标，努力打造一支高竞争力船队，拥有一批价值客户群，培育一支高素质的员工队伍。当时中远航运是中国乃至世界最大的以特种专业船为主的多用途船运输公司之一，拥有和控制半潜船、重吊船、多用途船、汽车专用船、滚装船和杂货船等各类型船舶近百艘，形成了以中国本土为依托，以中国香港、韩国、东南亚、美国、欧洲、澳洲、非洲和西亚等为辐射点的全球业务经营服务网络，在远东至地中海、远东至欧洲航线、远东至波斯湾、远东至美洲、远东至非洲等航线上，形成了稳定可靠的班轮运输优势。

中远航运着力从事包括钻井平台、舰艇、火车头、挖泥船、桥吊、成套设备等远洋运输市场中超长、超重、超大件、不适箱以及有特殊运载、装卸要求的货载运输，努力打造国际特种船运输的领先者。在满足自身业务需要的同时，还向境外开展船员输出业务，成为国际海员劳务市场上一支举足轻重的重要力量。

我们看好该公司的主要原因是因为波罗的海 BDI 指数在 2001 年

已经见底，并在 2002 年开始逐步步入上升趋势。这一指数直接反映了世界行运业的兴衰。中远航运作为行业龙头，也必将出现业绩拐点。

从中远航运一上市，我们就开始积极关注该公司，并一直持续到 2004 年上半年。该股也的确表现突出，与波罗的海指数走势一脉相承。

中远航运(周线，后复权)

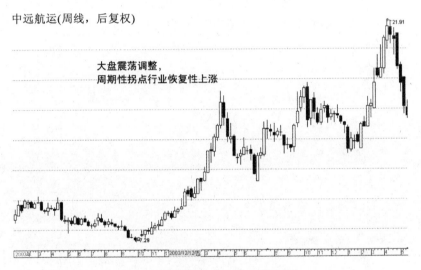

图 71　中远航运（2003—2004 年）

☞ **精彩见闻**

**以科学做武器的老同志**

在我的证券生涯中，有一位老者我印象深刻。这是一位教授级高级工程师，认识他时他已经退休，因兴趣所在，专职炒股票。

这位老先生的"炒股经"可谓有理有据，经得起推敲。他的依据很简单：我是搞科研出身的，也懂得一点财务知识，所以，投资任何一只股票都要搞清楚公司的基本面到底是怎么回事，而且一定要找让人踏实的公司，更要找蒸蒸日上的公司。踏实的标准就是看得见，摸得着；而蒸蒸日上就是公司要有前景，让人感觉是一天天在变好。

这位老先生看好中国的两大酒类品牌，一个是青岛啤酒（见图72），一个是张裕（见图73）。老先生说，这两家公司我很早就知道，是中国响当当的品牌，也是大家都很喜欢的酒类，每天都能看得见，摸得着。而且从长远看，啤酒、红酒都是增长的消费趋势。

当年，这两大品牌公司都在做强品牌，做强销售，一系列市场动作屡屡不断，让老先生看到更大的希望。所以，即便在熊市之中，老先生也信心坚定地坚守这两大品牌公司多年，收益丰厚。

我在2000年市场高位的时候认识的这位老先生，而老先生直到目前还持有部分上述两大名酒。

青岛啤酒(月线，后复权)

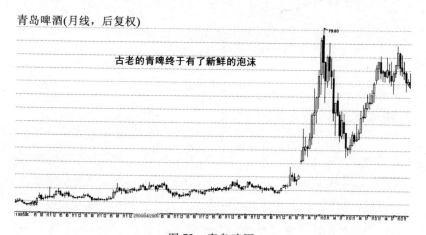

古老的青啤终于有了新鲜的泡沫

图72　青岛啤酒

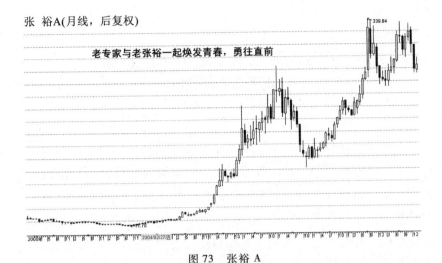

张 裕A(月线，后复权)

**老专家与老张裕一起焕发青春，勇往直前**

339.84

图 73　张裕 A

# 2005—2007年，大牛市中，大牛股层出不穷

　　从 2005 年中期开始，极具中国特色的股权分置改革拉开序幕，随之大牛市开始启动。在这两年多时间内，很多行业与公司都出现了大拐点特征，业绩开始复苏，并不断持续增长，股价也不断攀升，大牛市特征极为明显。我们在此期间，连续看好消费（酒类、医药、旅游、商业）、有色金属（黄金、锗、稀土、锂等）以及部分实质性重组题材类公司，如天然碱、新天国际、云南白药（参见图 11）等。

# 黄山旅游：牛市之中旅游行业
## 拐点同步降临

　　由于黄山旅游上市很早，又是中华股宝类型公司的典型代表，所以很早就纳入我们的法眼。我曾经写过好几篇关于该公司的价值分析报告。记得其中有一篇是：《黄山旅游，天斧神造的财富！》。当时写道，黄山风景区顺利通过了联合国教科文的"世界文化与自然遗产"评估监测，并被誉为"世界遗产地保护成功的典范"，是国家首批 4A 级旅游区。国家旅游局确定黄山、泰山、庐山、西湖等十个景区为全国文明景区示范点，黄山风景区名列榜首。

　　在确保旅游资源的情况下，将所有权和经营权分开，拥有专营权的旅游企业在符合条件时，可以考虑上市融资。有关文件明确指出，一些符合条件的旅游企业将可以直接发行股票上市融资，但对于争论多年的拥有风景名胜、文物特许经营权的旅游企业能否上市的问题，目前仍然没有明确说法。至今国内 A 股上市旅游类公司中只有黄山旅游和峨眉山涉及风景名胜，桂林旅游是在将"漓江"剥离后才获准上市的。从这一点上也可以说，今后拥有世界人类文化遗产经营权的公司是稀缺资源，反过来证明我们的判断，它们是股市中的宝藏。

　　我不喜欢简单的旅游，而是喜欢将文化、历史融合在一起的旅游。没有文化内涵的风景是没有景深的。就像酒一样，没有历史内涵的酒，或者人造历史酒，你花多少钱做广告最终也必将没有市场。孔府家酒、秦池就是最好的教训。

　　在长期看好该公司的前提下，随着大牛市的启动，我们也同时看好旅游行业的未来，因为人们的消费需求已经上升到将旅游当做一项很有必要的消费。行业拐点已经到来。

黄山旅游(月线，后复权)

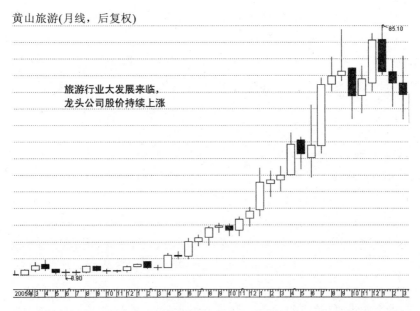

旅游行业大发展来临，
龙头公司股价持续上涨

85.10

8.90

2005年 3 4 5 6 7 8 9 10 11 12 2 3 4 5 6 7 8 9 10 11 12 2 3

图 74　黄山旅游（2006—2007 年）

# 贵州茅台：上市之初就看好的
# 国酒继续飘香

　　贵州茅台是中华股宝选股理念中十分经典的个股，在其上市之初我们就积极关注。记得在茅台上市初期我就说过：茅台酒更香，白药价更高！

　　还是早在熊市之际，在茅台技术面做出一个漂亮的大圆弧底之时，我们就感觉该股已经见底，并给周围很多朋友推荐茅台。

　　到了 2005 年牛市启动，我们觉得这只最经典的中华股宝的业绩大拐点已经到来。随后几年的业绩也的确证明，公司业绩在不断增长，股价也反复创出新高。一直到 2011 年，我们开始逐步看淡该股。

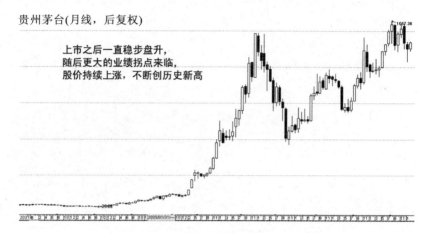

贵州茅台(月线，后复权)

上市之后一直稳步盘升，
随后更大的业绩拐点来临，
股价持续上涨，不断创历史新高

图 75　贵州茅台（2005—2011 年）

 # 泸州老窖：低价是最大的利好，
也是最佳的拐点

　　泸州老窖既是中国历史上的一大名酒，也是中国股市的"老字号"，最早它的股票名称为川老窖。在 1994 年、1995 年的时候，川老窖可是当时的市场龙头之一，但随后逐步衰退，最终到了没人关注的地步。

　　看好泸州老窖还是 1996 年的事情。一是因为我骨子里有中华股宝的基因，加上一位老朋友的介绍，一下子就看上了。二是公司的股权结构、管理机制以及产品结构（公司推出了高端白酒国窖 1573），有望发生重大变化。二是公司股价在当时仅仅 3 元多。公司基本面的重大拐点有望出现，而股价相对低廉，没有理由不看好这样的历史名酒。

公司股价从 3 元一直涨到 70 元以上，其间还送转多次，股价上涨几十倍。我们对该股的看好一直持续到 2010 年左右。

泸州老窖(月线，后复权)

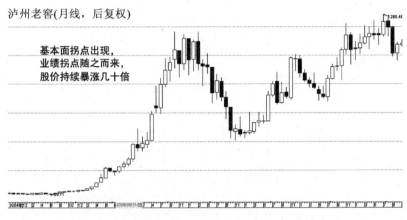

基本面拐点出现，
业绩拐点随之而来，
股价持续暴涨几十倍

图 76　泸州老窖（2006—2010 年）

## 天然碱：重组势在必行，低价酝酿机会

天然碱曾经是深市的绩优公司，但随着产品竞争力的下降，逐步沦落为 ST 公司，前景极为黯淡。面对夕阳产业以及激烈的市场竞争，重组与转型已经成为公司唯一出路。

首先，公司逐步由单一的天然碱产业结构向天然碱化工、煤化工、能源化工并举的产业结构转型，计划在"十一五"期间基本形成以新能源为主导，天然气化工及天然碱化工为两翼，天然碱、天然气、煤化工三大产业板块并存的产业格局，并将重点做强、做深天然气化工。公司参股的 100 万吨甲醇项目于 2006 年年底建成投产，成为公司未来的一个重要的利润来源。同时，充分发挥预期之中的甲醇项目优势，形成行业领先地位；以二甲醚项目建设为突破口，开拓新市场，成为公司甲醇产业链延伸，也是公司走向新能源、开拓新市场的起点。

远兴能源(周线)

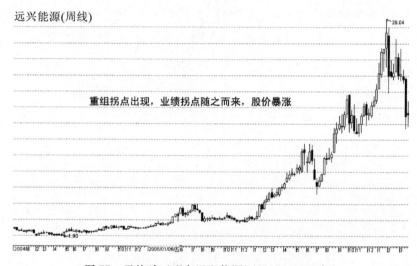

图77　天然碱（现名远兴能源）(2005—2007年)

另外，2006年年初，公司与上海正大投资发展有限公司、乌审旗国有资产投资经营有限责任公司共同发起设立了内蒙古蒙大新能源化工基地开发有限公司，这是公司正式进入煤化工新能源产业的标志。最终，其将基地建设成为高技术、高效益、高资源利用率、循环经济特征明显的新型能源化工基地。

随着公司股权结构的变化以及产业结构的调整，公司基本面重大拐点必将来临。在我们看好该公司的时候，ST天然的股价仅仅2元不到，极为低廉，上涨空间巨大。事实上，公司股价也最终上涨了十几倍，如今股票名称也改为远兴能源。

# 驰宏锌锗：行业周期催生大牛股，
# 高送转振奋高股价

2006 年年初，全球金属市场呈现牛市，各资源类企业大受其益，铜、锌、铝、黄金、白银等矿产资源价格大幅上涨，而驰宏锌锗则是有色金属板块中的佼佼者。

驰宏锌锗 2005 年度每股收益 0.8175 元，2006 年一季度每股收益高达 0.6710 元，业绩拐点明显。随后 2006 年度摊薄每股收益为5.312 元，有力地证明了这一判断。

在如此漂亮的业绩支持下，其股价自然也是一路扶摇直上。驰宏锌锗俨然成为当时牛市中的一面旗帜，该股股价从 2006 年初牛市启动之际的 10 元上涨到除权前的 154 元，翻升约 15 倍。

驰宏锌锗(周线，后复权)

资源价值膨胀，业绩拐点显现，股价暴涨

图 78　驰宏锌锗（2006—2007 年）

我们在驰宏锌锗 2006 年一季度报表闪亮登场之际大力看好该股。在行业拐点背景下，该公司的大拐点也同时确立。

# 重庆啤酒：价格适中的乙肝疫苗概念股

最初看好重庆啤酒是因为一次去重庆办事情，老何喝了当地的山城啤酒（重庆啤酒出品），感觉味道比燕京啤酒等要好很多。后来注意到公司在投资一个被称为治疗性乙肝疫苗的产品。

随着深入研究，发现这个产品很有想象力。一般疫苗都是防御性的，而这个是治疗性的。面对中国一亿多的乙肝患者，市场空间巨大。但这毕竟只是一个在研产品，研制成功可能还需要很长的时间。

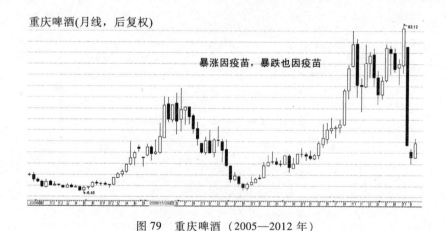

图 79　重庆啤酒（2005—2012 年）

最终我们结合公司啤酒业务的基本面发现，仅仅啤酒业务，公司价值也在 10 元左右。所以，在股价低于 10 元之时，在很好的安全边际之下，我们坚决看好这样有望出现重大技术突破、有望出现重大内在能量爆发的拐点公司。重庆啤酒也的确随后被很多机构看好，股价持续上涨。但该股股价在 30 元以上的时候，我们认为已经高估，因为毕竟疫苗还没有时间表，没有确定性。后来的事实也证明，虚高的股价是需要付出代价的。

##  西藏矿业：稀缺与垄断的资源终会发光

对于西藏矿业，我们也是再熟悉不过，因为这也是中华股宝的一员。公司在国内拥有相对垄断性的盐湖锂资源，仅仅资源价值就不只是当时的股价那么低。公司当时的股价仅仅 4 元多而已。

在股改的前夕，我们觉得，拥有资源价值的西藏矿业（而且还在建设二期工程），如果通过股改能够使公司的资源价值得到巨大的发掘，比如引入战略投资者，打开市场局面等，公司基本面就会出现

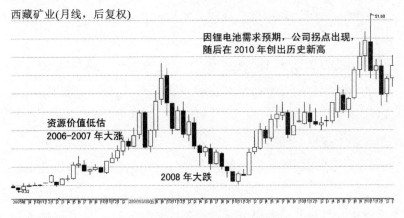

图 80　西藏矿业（2006—2010 年）

重大拐点。所以，在 4 元多的时候，我们的研究结论是：西藏矿业极具投资价值。随后该股的表现也的确十分出色，直到今天，我们仍然看好该公司。

## 新天国际：国安潜伏，资源优势，质变在即

说起新疆，我就想到红色，而不是白白的雪山、白白的羊群、白白的棉花。所谓红色，就是红酒，还有西红柿做的番茄酱。

先说说红酒。中国的红酒一直都没有世界著名的品牌。但我们惊喜地发现，在新疆天山北坡，北纬 44 度，最适合葡萄种植的广阔区域，诞生了亚洲最大的 17 万亩葡萄园种植基地（即便张裕等国内红酒巨头也从新天订购葡萄酒原浆）。这个基地归属于上市公司新天国际（目前叫ST中葡，已经被中信国安收购）。

为了了解公司的情况，我们曾在 2006 年春天不远千里，亲赴新疆调研，其间遇到巨大风暴，可谓历经风险与磨难。调研的结论是，看好拥有巨大资源、拥有世界最好葡萄种植基地之一的新疆，看好相关的上市公司。看好公司的原因不仅仅是因为拥有资源。

公司一度曾轰轰烈烈地做广告，但收效甚微。最终由于业务庞杂，红酒业务无法展开，沦落到巨额亏损境地。但我们发现，国安集团早已与新天大股东有亲密合作。所以，一旦股份公司出现退市风险，国安出手接盘，同时占有资源是完全有可能的。

在我们调研的同时，公司管理层已经作出调整，其他业务也在清理，以红酒为主业的格局初步形成，重组迹象明显。这样，公司基本面大拐点初步显现，而当时公司股价仅仅 2 元不到，是值得投机的理想价格。事实上，公司的重组也的确按照我们的预期进行，基本面也

在逐步好转，只是效率过低，远远不如预期。但无论如何，在 1 元多价格建议大家去投资或投机该股还是很正确的选择。

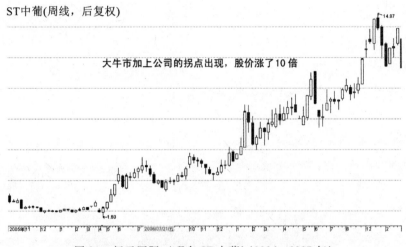

图 81　新天国际（现名 ST 中葡）（2006—2007 年）

## 天坛生物：乙肝疫苗概念使我们充满憧憬

看好天坛生物这家公司还要感谢重庆啤酒。正是因为了解了重庆啤酒的治疗性乙肝疫苗，才会关注疫苗类公司，而天坛生物是国内上市公司之中最正宗的疫苗类企业。更重要的是，我们了解到，天坛生物大股东正在与复旦大学合作，也在研制治疗性乙肝疫苗。

重庆啤酒的疫苗合成肽是一种打击式、阻断式的治疗，而天坛大股东研制的疫苗（乙克）源于激发人体自身免疫能力的原理。更为重要的是，乙克研制的进程要远远快于合成肽。所以，我们有理由看好既有防御性疫苗产品梯队，又有治疗性疫苗概念（一旦研制成功，大股东有望注入上市公司）的**天坛生物**。

此外，由于天坛的实际控制人中生集团旗下有六大生物制品研究所，同业竞争明显，资产整合预期一致存在。所以，无论是新产品的重大突破，还是公司整体上市之类的资产整合预期，公司基本面大拐点预期极为显著。我们自 2006 年看好该股，直到 2009 年为止。后来该公司大股东无所作为，效率低下。

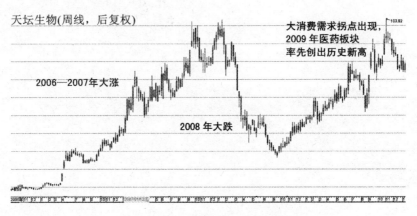

图 82　天坛生物（2006—2009 年）

 # 中粮屯河：原来这也是垄断资源

新疆的红色不但体现为葡萄种植基地，还体现为红色的番茄。番茄酱属于新疆特产，<u>中粮屯河</u>公司在番茄酱产业的地位雄踞世界第二。

其实，对于西红柿产业，以前我们是没有很当回事的，后来在与屯河一位高管的交流中得知，不是任何西红柿都可以做番茄酱的。屯河拥有的西红柿属于稀缺资源，甚至是垄断资源。

在中国，只有新疆以及内蒙古部分地区才出产可以制造番茄酱的西红柿。这与西红柿的含水量、含糖量等都有密切关系。屯河掌握了新疆的红色资源，不断壮大番茄种植基地，不断增加番茄酱产量，同时出品世界上抗氧化能力最强的高端保健品番茄红素。公司的红色产业欣欣向荣。

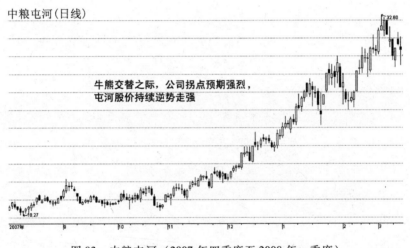

图 83　中粮屯河（2007 年四季度至 2008 年一季度）

我们最初关注中粮屯河是在中粮集团收购德隆旗下的新疆屯河的时候，而最为实质的关注是在 2007 年 10 月大盘指数见顶之时。当时，屯河股价在 10～12 元上下波动，并没有过分炒作。更为重要的是，公司番茄酱产量、糖产量不断增长，业绩增长预期明确，而公司实施激励机制的预期也很强。公司能够推出 30 元以上的股权激励价格就是最好证明（虽然最后该方案没有实施）。在此过程中，屯河股价从 10 元逆势上涨到 30 元以上，堪称 2007 年四季度到 2008 年一季度的超级牛股。

☞ **精彩见闻**

### 两年 20 倍的神话

两年时间能做什么呢？或许什么也做不了，或许能创造奇迹。我知道这样一位女士，两年之间创造了一个 20 倍收益的神话。同期，很多朋友也赚了不少钱，超过十倍的很多。但赚得都很辛苦，不断换股，买卖频繁。而这位朋友仅仅是重仓持有一只中信证券就轻松地获得巨大成功。

何以能做到？答案有两个：一个是，在 2005 年预计中国股市会迎来一波大牛市，所以就买了与大牛市最相关的大拐点公司证券公司的股票，当时非中信证券莫属。另一个答案是，这波牛市还算短，这位朋友买完之后仅仅持有不到两年就获得了 20 倍以上收益，持有时间相对较短，心理承受力还在正常范围之内。

我们不敢说未来这样的神话是不是还会发生，但类似的金股还会出现，类似的行为也还会发生。但或许不再是两年 20 倍，也许要 3 年、5 年，收益 10 倍、8 倍，也许是更短的时间，更大的收益。而无论怎样，只要大拐点出现，任何理由也不能阻挡坚定买入大拐点股票的决心。至于最终的收益，随他去吧。

中信证券走势图参见图 1。

# 2008 年，大熊市无情展开

2008 年中国股市是历史上第二大熊市，全年跌幅巨大。除了在 2007 年四季度到 2008 年一季度看好中粮屯河之外，我们在 2008 年 4 月还挖掘了隆平高科这样的超级牛股。而该股的研究理由与屯河基本上如出一辙。

 **隆平高科：关注数年的股票终于"开和"**

该公司的基本面大拐点历程在本书有过介绍，这里不再重复（参见图 12）。

总之，这家我们长期关注并亲自调研过的公司值得长期看好，其大拐点特征非常明显。而老何能够在 2008 年 4 月在公司股权激励公告的第一时间得出坚决看好的结论也是十分正确的。

# 2009 年，熊市逐步见底，反弹依次展开

经历了 2008 年的大熊市，2009 年市场开始进入中级反弹行情，

个股十分活跃。尤其是业绩有保障、行业前景看好、利润增长确定的公司更值得我们重点关注，比如当时业绩有承诺并有重组题材的<u>中兵光电</u>，拥有核心品牌的<u>中新药业</u>，业绩优良并有望成为世界级企业的<u>福田汽车</u>。

<u>中兵光电</u>和<u>福电汽车</u>在前面有关章节已有详细介绍，这里不再重复，参见图40、图7。

# 中新药业：几大主打产品极具吸引力

对于天津<u>中新药业</u>这家公司，老何还是在股市中知道的，但公司的主打产品速效救心丸的名字可是早已熟知。为什么？老何的父亲老老何是医生，同时也是一名心脏病患者，经常服用气味很浓重的速效救心丸，老何从小就印象深刻。速效救心丸是三大国家级机密中药之一，也是我国第一个规模化生产的中药滴丸制剂。另外，公司还拥有清咽滴丸、脑欣舒滴丸、通脉养心丸、治咳川贝枇杷滴丸、藿香正气软胶囊等著名产品。公司老字号产品丰富，而且与国际巨头合作开发的新药也很多。在天津市，该公司属于龙头医药公司。

自公司资产整合，管理层理顺之后，该公司业绩开始爆发，基本面拐点确立。也就是在这时候，我们看好该公司，而该股在2009年也的确表现突出而且持续。

☞ **精彩见闻**

### 真正的中国巴菲特

自从中国人知道了巴菲特，效仿者甚众，但至今少有十分成

中新药业(周线，后复权)

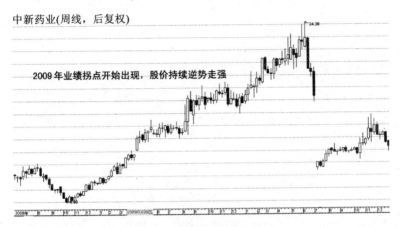

图84　中新药业（2009年）

功的效仿者。为什么？因为巴菲特不可学。这一观点在本人其他著作中屡有阐述。

巴菲特的成功之处在于心理，强大的、不可复制的、独特的、只属于他本人的、特别的心理。心态也好，心理也好，是属于个体的，即便将个体的心理公之于众也无济于事，只能使你明白道理，但做不到。所以，巴菲特是证券行业的佛陀，可以去学习效仿，但世界上永远不会有第二个巴菲特。至于很多人热衷于参加巴菲特大会，去膜拜，对此我的看法是：去旅游还是值得推荐的；去学习，算了吧，不如关自己几天禁闭，改改自己一直改不了的"公共场合吸烟"、"随地吐痰"、"乱闯红绿灯"、"吃自助餐十二分饱出门"这些坏毛病吧。这些能改正了，估计比你去巴菲特的小镇要有意义得多。

我们这里所讲的中国巴菲特其实并非是在刻板地学习巴老，而是领会了一些巴菲特理念，结合中国股市自身的公司特色，选择了一条适合中国证券市场的投资之路。他投资贵州茅台、山西

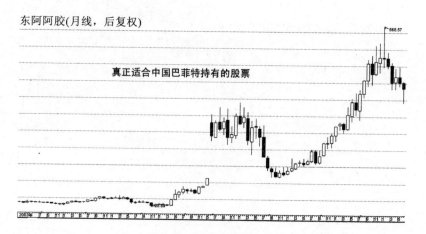

汾酒、云南白药、东阿阿胶（见图 85）、片仔癀（见图 86）、同
仁堂、古越龙山、峨眉山等品种，长期持有。

东阿阿胶(月线，后复权)

真正适合中国巴菲特持有的股票

图 85　东阿阿胶

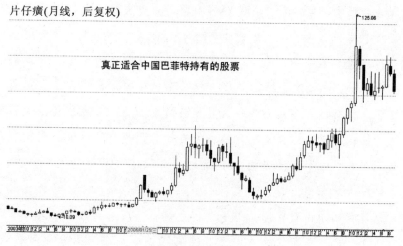

片仔癀(月线，后复权)

真正适合中国巴菲特持有的股票

图 86　片仔癀

我这位朋友买入持有的理由很简单：

第一，这些公司看得见，摸得着，而且都有长久的历史可以追寻。

第二，这些公司都有着美好的未来，它们在市场中口碑良好，品牌突出，人们日常生活需求旺盛。

第三，这些公司的业绩突出，增长稳定，给投资者带来丰厚回报。

的确，这位我认同的朋友才可以称为中国的巴菲特，因为他不是为了学习巴菲特而学习，而是融入了中华元素，融入了个人思想。这位朋友买入此类公司都是选择在公司基本面原来不错的基础上面临重大发展机遇的时刻，也就是有望加速发展的时刻。这是不是与我们的大拐点思想惊人的一致呢？

一旦预期公司拐点出现，即便在 2008 年的大熊市，这位中国巴菲特依旧坦然持有这些最优质的公司。果然，熊市抗跌，2009 年市场一反弹，这些个股就开始了不断创新高的历程。

# 2010 年，反弹高潮已过，精选业绩爆发个股

2010 年，反弹行情基本结束，市场进入震荡状态，全年市场总体

处于调整之中，但业绩继续保持高增长的公司，业绩拐点刚刚出现的公司则继续着牛市征程。这期间，我们看好业绩拐点突出或者题材出色的部分公司。山西汾酒、包钢稀土、华神集团、ST 皇台、中国电信就是其中的典型代表。

包钢稀土、华神集团、中国电信在前面有关章节已有详细介绍，这里不再重复，参见图 34、图 13、图 6。

##  山西汾酒：好酒终于走出深巷子

中国四大名酒之一的山西汾酒其实是比茅台还要老资格的中华宝藏。公司不但作为中国清香型白酒的代表出产著名的汾酒，还出产啤酒、红酒、黄酒。此外，公司还拥有中国唯一国家级保健名酒——竹叶青。这是其他名酒企业无法比拟的优势。

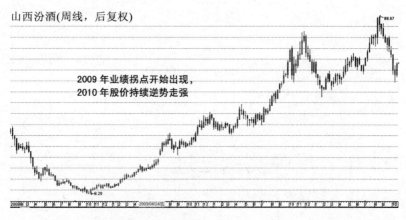

图 87　山西汾酒（2009—2010 年）

说起来，茅台还是汾酒的"子孙"。对于巴拿马国际金奖得主到底是谁，汾酒做过有力的反击；国酒之说，汾酒也拿出了有力证据。这几年汾酒的发展可谓迅猛。但在 2009 年以前，汾酒还是存在很多问题，如体制问题、品牌管理问题。公司自 2009 年开始整顿治理各方面出现的问题，集中精力打造高端品牌，效果突出。

我们自 2009 年开始根据公司基本面与业绩的变化确立了公司的大拐点特征，并在 2010 年继续重点看好该公司。而自 2009 年公司业绩拐点出现之后，该股股价在 2009—2010 年表现出色，持续大涨。

 ## ST 皇台：股权变化透露质变预期

说起甘肃的酒，很多人并不会特别注意。其实，对于还能品出一点酒的品味的老何而言，甘肃的酒是大有可赞赏之处的。白酒中的皇台、康庆坊味道纯正，是很多所谓的名酒所不能比拟的；红酒中的莫高也很地道，连张裕之类估计也要惭愧；啤酒中的黄河更是麦香芬芳，青岛、燕京之流不知道何以自称名牌。

甘肃地域偏僻，经济落后，很多企业难以持续发展。皇台酒业上市后历经磨难，屡屡亏损，"南有茅台，北有皇台"的说法已经被人遗忘。

我们开始研究关注皇台是在公司大股东更换之时。新股东颇具背景，进入之后开始治理公司。在经营上，找到北京盛初这家著名的国内酒类营销策划公司，制订了未来销售的目标。当时我们认为，公司的产品是有历史积淀的，有文化品位的，只要经营管理上去，业绩就会逐步爆发。

我们反复调研之后得出结论，在新股东的强大动力背景下，在经

图 88　ST 皇台（2009—2011 年）

理管理彻底改善的预期下，在经营目标有一定保障的前提下，结合皇台股本很小，仅仅 1.77 亿的总股本，股价很低，市值很小，业绩出现重大拐点很容易。在 2010—2011 年，该股的确表现突出，一路上扬。

# 2011 年，防守之中精选长线精品

2011 年是中国股市上的一个熊市年份，大多数时间里市场处于下跌状态，大多数公司股票也处于下降通道之中。在极为不确定的市场趋势面前，我们一旦发现基本面出现重大向好拐点的公司，仍然不会无动于衷。发现、研究、不断地探索一直是我们的爱好与习惯。在2011年，我们看好大健康产业，包括医疗服务、保健品类公司，如<u>通策医疗</u>、<u>同仁堂</u>、<u>安琪酵母</u>等，也看好具有重组题材的高科技军工类公司。

# 同仁堂：公司拐点实质形成

同仁堂，真正的老字号，真正中华医药的代表，不但国人皆知，而且享誉世界。

该公司的价值要点在本书有过介绍，这里就不再重复，参见图9。总之，在2010年公司出现了难得的基本面重大拐点，值得长期看好。

另外，<u>通策医疗</u>、<u>安琪酵母</u>在前面有关章节已有详细介绍，这里不再重复，参见图8、图39。

☞ 精彩见闻

## 券商之中的大师

券商是中国证券市场最重要的机构力量，但券商之中真正高水平的投资大师级人物却寥寥无几。曾经的一些风云人物，要么过早离开市场，要么因为事端已经不知去向，要么转向其他。真正一直在市场中搏杀而且水准极高的大师级人物屈指可数。

我知道这样一位大师，他曾经就任南方某大券商副总裁，学识渊博，视野宽广，远见卓识。对于证券投资，他的理念十分超前，极具预见性，经常发掘出超级牛股。比如，在房地产市场启动之前就大力推荐<u>万科</u>；在深宝安股改之前就预见公司即将发生巨大变化，极力推荐深宝安；在中恒集团还是绩差股的时候就亲自调研，预测公司将有跨越式发展；在大家认为家电消费高峰已经成为过去，不再看好家电股时，极力看好海信电器（见图89）。

这样一位大师，如果你跟他接触，学到的也绝非仅仅是股票。做人的道理，投资的真谛，在不经意间都会默默领会。在2010—2011年这样不确定的年份里，有这样的大师朋友，还是很幸运的。

海信电器(周线，后复权)

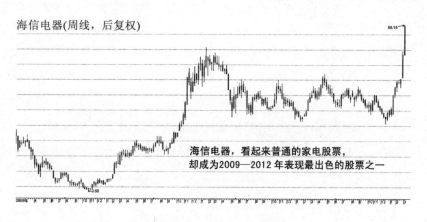

图89　海信电器（2009—2012年）

# 2012年,市场拐点与个股拐点有望共振

市场进入2012年，关于市场大底的讨论已经不绝于耳，但看空

的声音或者说谨慎的声音还是很多，市场在犹豫中不断震荡。对于市场趋势，其实我们的想法再简单不过，看见了就是看见了，没看见就是没有。如果真想超前一点，我们的预警系统或许可以帮上忙。

总体而言，我们独家的预警系统早在 2011 年就预告了 **2011 年底将会有大底信号。截至本书截稿时，我们的预警系统已经确认 2012 年初的 2132 点是至少中级以上级别牛市的底部。所以，2012 年至少是一个可以见大底的年份。**

先看一组数据，截至 2012 年 4 月 13 日，沪深两市共有 469 只个股先于大盘重新返回 6124 点之上。在 2007 年 10 月 16 日之前，沪深两市总计有 1477 只股票。也就是说，在可比的股票中，重返大盘历史高点时的股价的个股占 31%。

将这 469 只个股按照行业划分，行业的股市牛熊分布图随之勾勒出来。数据显示，其中信息设备与服务行业的公司 34 家，轻工制造行业 18 家，机械设备行业 41 家，医药生物 62 家，食品饮料与商业贸易合计 42 家，农林牧渔为 18 家，餐饮旅游与纺织服装合计 21 家，另外则是采掘、金融服务、综合类公司。食品饮料、商业贸易、医药生物、纺织服装等消费类行业中的个股频频现身牛股名单中。

这些数据说明什么问题？在 6124 点暴跌到 1664 点的大熊市之后，市场的大部分时间里是在 2000～3000 点区间波动。但大牛市早已经悄然来到我们身边。

中国经济在转型，这是人所共知的。但很多人认为，转型需要很多年才会成功，在转型成功之前，中国经济不会好。你看，目前是不是在下滑啊。所以，很多人得出结论，在转型期间，大牛市不会出现。其实，这是天大的谬论。只要转型启动，其实牛市的大拐点就已经来临。难道1/3的股票都创了6124点新高的市场你还说它很熊吗？

不同于以前牛市的是，这一轮牛市是由新经济企业、大消费企业所带动的。看看美国的以大消费为主的现代服务业占整体市场市值的份额，你就会明白为什么中国需要转型，我们的投资重点要放在哪里。美国的IT市值占18.8%，中国的只占4%；美国健康护理的市值占12.1%，中国的占3.9%，美国的必需消费品市值占11.5%，中国的占5%；美国的金融地产市值占16.3%，中国的占32.2%；美国的工业占10.3%，原材料只占3.4%，中国的工业占16%，原材料占11.4%……总体而言，在美国，70%的市值来自于新兴产业、现代服务与消费产业，而我们恰恰相反，仅仅占30%。

新兴加消费代表着未来社会发展的方向，也代表着人类社会未来消费的方向。相关公司也就会率先喷薄而出创出新高。最先创出6124点新高的行业就是医药行业指数。为什么？因为中国已经进入老龄化社会，而且未来全人类最关心的一件事情就是重大疾病的预防与治疗。所以，与大健康相关的医疗服务、生物医药、健康食品、保健品、休闲旅游等就是未来的重点投资方向之一。

未来中国乃至世界的另一个更有想象空间的领域就是文化传媒领域。谷歌、百度、苹果已经创造了神奇，而中国已经前所未有的开始重视文化传媒产业，没有文化的崛起就没有真正中国的崛起。以新媒体为代表的文化振兴正在开始，IPTV、手机电视（视频）、互联网电视、网络视频已经成为新媒体的主要构成，新一代的文化传媒大潮正在我们身边澎湃。

大健康也好，新文化也好，今后都是我们这个世界需要永恒消费的，都是我们每个人都不可缺少的。这就是价值，这就是前景。

中国股市的新一轮全新结构的大牛市早已经展开，1/3 的创新高股票已经做出表率。只要你投资的方向正确，标的优秀，你永远处在牛市之中。如果你投资的方向与标的错误，即便指数意义的牛市开始，也只是会赚些蝇头小利。

**仅仅依靠指数走牛来投资的投资人是一种被动的投资者，依靠企业自身价值与潜力进行投资的投资者才是优秀的投资人。**

至于 2012 年的大拐点公司，老何看好者甚多，但总体上还是在大健康产业、文化娱乐及信息产业、高科技制造产业。如果你的愿望是寻找涨十倍的公司，那它一定来自上述三大领域。这个，你信，还是不信呢？我说，这个可以相信！

由于本书截稿时，2012 年仅仅是一个开始，我们还不能给 2012 年做结论性判定。但以下公司出现实质性拐点的概率很高，提供给大家参考。对于更多更优秀的大拐点公司我们也正在研究与挖掘，今后将不断地通过各种方式与大家交流。

 # 大健康产业九家大拐点公司

**同仁堂**：公司是中国唯一具有全产业链的医药类公司（医药、保健品、流通商业、医疗），重大拐点在 2011 年已经出现。

**通策医疗**：小市值口腔、妇幼保健等专科医疗投资管理机构，重大拐点在 2011 年已经出现。

**安琪酵母**：行业龙头，具备生物、食品、保健品多重概念。2012 年将是又一个重大拐点。

**中源协和**：行业独特，有爆发潜力。和泽生物的收购使公司出现实质拐点。

<u>卫宁软件</u>（见图90）：小盘高成长医疗服务软件行业龙头，有望借行业东风不断成长。

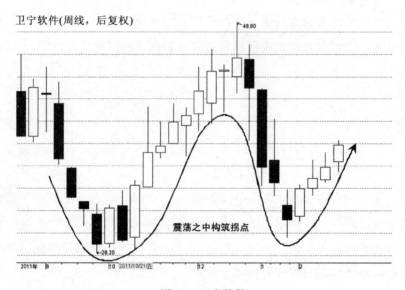

卫宁软件(周线，后复权)

震荡之中构筑拐点

图90　卫宁软件

<u>海欣股份</u>：重磅癌症治疗药物的三期临床批文是决定公司能否会出现重大拐点的关键。

<u>中粮屯河</u>：中国优秀的糖业龙头，世界番茄酱巨头，果蔬干果国内潜力龙头。基本面拐点正在形成。

<u>广州药业</u>：优质大医药公司，产业整合将是大拐点的开始。

<u>上海家化</u>：重组完毕，新的拐点正在形成。

大健康领域的重要性其实在本书的前面已经讨论多次，这里不再重复。在上述公司之中，从个人情感上讲，老何最喜欢<u>同仁堂</u>与<u>安琪酵母</u>。<u>同仁堂</u>的药我最信得过，<u>安琪酵母</u>的许多产品我都在用，还推

荐给很多朋友用，比如即食酵母粉。从市值角度看，未来有望出现十倍空间的或许是通策医疗、中源协和。

到底哪家公司最好？其实，股市之中根本就没有最好的公司，你眼中的最好就是最好。而事实上，**昨天的最好毫无意义，今日的最好也只是一笑而过，而明天的最好，没有人能知道。我们所有的研究，只是为了一个美好的希望，一个美好的预期，一个追求的梦想。**

# 文化娱乐及信息产业九家大拐点公司

百 视 通：大实力新媒体龙头公司，大拐点已经出现。

乐 视 网（见图91）：2011年公司开始以全新的模式构筑公司大拐点。

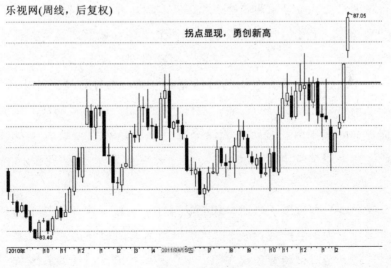

乐视网(周线，后复权)

拐点显现，勇创新高

87.05

93.40

2010年    2011/04/15五

图91 乐视网

中视传媒：具有央视背景的传媒文化公司，业务拐点隐隐显现。

拓维信息：移动互联优质潜力公司，拐点显现。

中 青 旅：大文化旅游的乌镇模式将在未来不断复制，公司拐点已经形成。

水晶光电：视频眼镜是否会带来视频革命？是否会成为公司业绩爆发拐点？值得关注。

中国电信：稀缺电信资源，长线看好。

歌华有线：一贯的虚弱与疲软，是否代表着永远如此？相信北京人传媒人不会就此寂寞。

海信电器：公司是否已经拥有能创造出类似苹果产品的素质呢？不妨多加关注。

新文化以及新信息时代的到来，我们不得不高度重视与此相关的上市公司。在一个大行业有望出现大拐点的时代，文化与信息产业的龙头不像传统周期性产业那样明确与明朗。越是有文化的产业，有技术含量的产业，竞争就越激烈，淘汰率越高。所以，我们的选择也必将是动态的。上述公司只是阶段性的研究看法。我们的愿望是能够寻找到更优秀的公司，更希望本书的读者能做到这一点。

对于上述公司，就本人的情感而言，相对看好百视通、中青旅、中国电信。就理性的分析而言，也许还是它们，难得有共性。而弱得不能再弱的歌华有线或许会物极必反，也该是"重新做人"的时候了。在它最弱的时候看好它多一些，或许也是大拐点理论的精髓之一。

我总有一种预感，以新一代互联网技术、新一代智能技术为代表的大文化、大信息产业会复制 2000 年网络股的疯狂走势，大家不妨拭目以待。股市，需要稳定发展，但在某一些阶段出现疯狂或许也是股市所必有的特征。

# 高科技制造产业九家大拐点公司

　　<u>高德红外</u>（见图92）：红外热成像仪国内龙头公司之一，该领域市场空间很大。长期拐点已经出现。

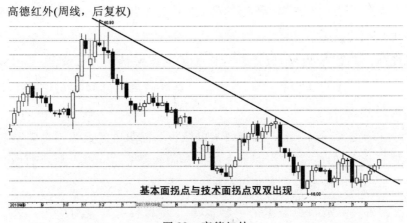

图 92　高德红外

　　<u>大立科技</u>：红外热成像仪国内龙头公司之一，该领域市场空间很大。长期拐点已经出现。

　　<u>中航电子</u>：中航系统电子导航唯一整合平台。整合预期就是拐点预期。

　　<u>光电股份</u>：少有的拥有实质性防务性资产与业务的军工企业，拐点显现。

　　<u>国腾电子</u>：北斗导航领域的龙头公司，担负未来重大职责。公司拐点将伴随着北斗而生。

中国重工：不断渐进的整体上市使公司拐点已经出现，超强实力的大军工集团值得看好。

福田汽车：未来世界级商用车以及新能源汽车龙头，拐点在即。

中科三环：绩优成长性稀土永磁世界龙头，2011年已经开始出现重大拐点。

云南锗业：中国少有的拥有高科技技术的资源性企业。业绩有望出现突破。

以军工为代表的高端制造业必须要站在世界前列，否则中国崛起就是一句空话。军工领域的科技含量很高，专业性很强，分类也很庞杂。我们最为看好红外技术在军工领域的应用，而在民用领域，红外技术更是市场广阔。所以，看好高德红外与大立科技是毫无疑问的。

在新能源汽车方面，国家政策以及市场需求已经成为不可阻挡的发展方向。目前诸多大企业都在做这方面的技术与产品，但我们还是看好有望成为世界级企业的福田汽车。

另外，高端制造技术的突破离不开新材料的开发与应用。这方面，拥有高科技优势的中科三环、云南锗业等值得持续关注。

除了上述三大领域之外，作为稳健的投资者，也可以多关注那些已经调整四年以上（次新股除外），调整幅度在50%以上，但公司基本面反而比2007年或者其他历史高点期间更加优秀的大蓝筹公司。这些公司虽然由于市值很大，股性呆滞，但作为3~5年的投资品种是一种相对安全的选择，比如，大秦铁路、工商银行、民生银行、中国人寿、国投电力、中国重工、福田汽车、中粮屯河、歌华有线、攀钢钢钒等。

## 千亿市值的执著

前面的很多精彩见闻都是很早以前的回忆了。但在 2012 年，记忆却一定还是新的。很多人都知道"长线是金"，做长线可以赚大钱。但长线做多长才算长呢？其实是没有标准答案的。你自己心中的标准就是你自己最好的交易系统。

我亲自看见的长线大家是一位中年人，七年持有一只重组后成为生物医药类公司的股票中源协和（拐点出现，前景光明），虽然截至本书截稿之日，这位朋友已经获利数倍，但他的胃口可谓惊人——1000 亿元市值是他的梦想。或许对于他是一种必然，对于别人是梦想。

会不会出现奇迹呢？没人知道。信的人或许在几年后会看到到底是涨了还是跌了，或者到底涨了多少倍；不信的人就没有必要去看什么结果了。这就是缘分，与公司的缘分，与利润的缘分，甚至是与亏损的缘分。而就这位朋友与该股票的缘分而言，未来的暴利或许并非神话，2012 年或许是一个新的起点。

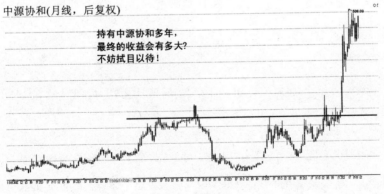

中源协和(月线，后复权)

持有中源协和多年，
最终的收益会有多大？
不妨拭目以待！

图 93　中源协和

# 大拐点公司发掘模式实战总结

前面已经针对如何寻找与鉴别大拐点类型公司做了详细论述，但在实际投资研究过程中，前面介绍的方法相对模式化，也就是一种自上而下的固定研究模式。

从多年的经验总结来看，还有很多公司不是通过刻意的模型寻找出来的。有时甚至是通过一个偶然的机会想到、看到、听到一家好公司。其实这就是一种自下而上的方式。但有一点是不可以更改的。如果自下而上地看到一家好公司，主观感觉有大拐点预期，还是要通过前面我们所说的大拐点公司类别鉴别模型、翻番公式等来最终鉴别与检测，看看具体的公司基本面条件是否真的符合我们事先设定的选择要求。

所以，自下而上的任何偶然所得或者主观所得，都必须通过客观的大拐点公司选择条件来检测。不符合要求的，任何消息面、主观感受的东西都是不可依据的。

以下是我们总结的几大类在日常投资研究过程中运用的大拐点公司的发掘模式。

## 发掘模式1：自上而下模型方式

在大拐点股票的发掘过程中，本书前面重点详细阐述的集中鉴别发现大拐点股票的模式是最重要的。这是一种自上而下的发掘方式。也就是说，先有一种模式，然后按照这个模式去寻找。很多是通过行业属性来寻找的，如周期性拐点公司、大消费升级拐点公司。

当初，我所尊敬的那位朋友就是通过判断证券行业即将出现重大转折，毫不犹豫地选择证券行业龙头<u>中信证券</u>重仓买入持有，最终获得 20 倍收益。还有一位朋友在 2002 年开始看到房地产市场已经步入大的上升趋势，认为中国的房地产大消费阶段来临，一个新的消费品种将在中国兴旺发达，就开始关注房地产上市公司，毫不犹豫地选择了行业龙头<u>万科</u>。几年下来，也正好赶上一波大牛市，获利丰厚。可见，无论从周期性的角度，还是消费需求的角度，只要看准行业的大拐点，只要选择其中的龙头公司，就会获得超额收益。

这个模式的好处在于不会错过大行业、大领域的整体性的重大拐点。但在我们给出的具体涉及很多公司内在因素的模型中（如内在能量爆发拐点公司、重组类拐点公司），要找到符合模型的拐点公司，仅有选股条件还不行，还需要你去单独寻找。

在目前上市公司数量众多的背景下，我们不可能一家家公司都去仔细研究，这就需要能有一部分有拐点可能的公司纳入我们的视野（在大行业拐点之外的，具备个性拐点的公司）。而这个进入视野的过程就需要更多的消息面支持，以及日常生活的积累，甚至是到处游历的偶得。

 ## 发掘模式 2：自下而上之消息面

发掘个性化的拐点公司，有时候往往是消息面起到很大作用。这里所说的消息面绝非内幕消息，而是以下几种表现形式：

1. 公开阅读而来的消息。

大量阅读财经以及社会新闻，总能看到很多关于上市公司的报道，这其中往往有一些蛛丝马迹会引起我们的注意，进而将其纳入我们的视野。在进行进一步研究之后，也就是按照本书给出的大拐点鉴别选股模型筛选，判断其是否符合大拐点条件。

当然，公开消息还包括电视新闻、网络新闻，甚至是一些胡编乱造的消息。其实消息的真伪不重要，重要的是能引起我们对相关公司的关注。是不是真正的大拐点公司，自有本书的方法鉴别。

比如，在2008年汶川地震的捐赠大会上，电视上出尽风头的是一家叫做加多宝的公司，一捐就是几个亿。什么公司这么有钱？再一了解，原来是买王老吉赚的钱。继续深入研究，王老吉是广州药业的品牌，租给加多宝使用商标。这样，老何就开始关注广州药业这家上市公司。2010年上半年的一天，又看到一则消息，说是王老吉一年销售几十个亿，这还了得。再看看广药，也在做绿盒装王老吉的销售，销得也不错。加之原本广州药业就是老何中华股宝中的一员。所以，毫不犹豫看好该公司，并在深入研究基础上得出结论：广药的大拐点即将来临。一方面是公司自身众多老字号品牌的焕发青春；另一方面，广州药业与白云山的整合势在必行。在2010年，广药股价表现突出，创出历史新高。

有时候甚至是短线操作都可以通过公开新闻得到启示。2012年1月9日新闻报道，海信集团推出的ITV在美国拉斯维加斯国际消费电子展（CES展）获"价值创新奖"，这是中国企业首次获此奖项。已被国人熟悉的ITV是海信2011年末推出的全球首款个人智能电视，该产品创新性地利用了平板电脑做载体，将TV的功能完全植入了该载体，实现了"电视无处不在"以及多屏互传的功能，顺应了移动、互联、个人的全球消费电子趋势。据了解，该奖是由 CES、IDG 等多个权威机构共同评价并颁发的，旨在鼓励有极大市场价值的全球创新性消费电子产品，是 CES 展会含金量最大的奖项。据悉，2011 年该奖授予了"苹果"。

这个新闻应该是很有爆炸性的。1 月 10 日至 12 日这三个交易日，该股震荡整理，没有突出表现，是很好的买入机会。从 1 月 13 日开始，该股一路大涨。短期涨幅喜人。

2. 朋友间聊天或聚会交流的信息。

三两个朋友的聊天或许会很有启发，一大群人的聚会也是一样，参加大型活动有时候也会有收获。当然，交流的对象不见得是证券人士，有时候与做实业的朋友交流也能得到很多有价值的启示。

大家都会记得 1999—2000 年的海虹控股，这只超级大牛股是否会让人感觉惊奇呢？的确。但对于某些人看来或许只是一个偶然。记得我认识的一位小伙子，很爱玩游戏，当时他天天在海虹控股的联众上玩游戏，乐此不疲。我每次与他见面他都提到联众游戏，从那时起，我开始关注海虹控股，随后海虹在网络股热炒的浪潮之中大放光彩。

还记得有一次参加朋友的聚会，会上大家原本是讨论证券市场的话题，但不自觉地都聊到养生方面。看来大家目前都很重视养生。的确，仔细想想，房子解决了，车子有了，吃喝不愁，还缺什么呢？一个是身体健康，一个是文化教育与娱乐。所以，看好大健康产业是最最正确的选择。那么，最有潜力的品种在哪里？通过自己的研究，通过身边朋友的启发，通策医疗、安琪酵母、中源协和、同仁堂、海欣股份等优质的或者有潜力的品种浮出水面。

大家不要忘记一个重要前提，任何进入视野的公司还都必须经过大拐点选股条件的过滤，否则不可进入实战。

##  发掘模式3：自下而上之积累面

发现公司的拐点还有一点很重要，那就是研究者自身的积累。积累什么呢？不仅仅是证券知识、投资技术，而是包含五花八门的知识的积累，包括哲学、社会学、历史、地理、天文、军事、文学以及所有的自然科学知识。能积累到什么程度就看你自己的能量了，多多益善。知识积累得多了，就会见多识广，随便看到一家公司就会有初步的判断能力。在这其中，有时候经常可以通过简单的接触或感觉就可以发现一家大拐点优质公司。

比如，一位私募朋友对中国文化有深入研究，阅历丰富，尤其是对酒类公司情有独钟，先后发掘了<u>新天国际</u>、<u>泸州老窖</u>、<u>古井贡</u>、<u>山西汾酒</u>等超级牛股（部分是与朋友们一起研究的成果）。他熟读史书，对这些有历史底蕴的产品是很有信心的。他觉得，这些公司的酒，不是能不能焕发青春的问题，而是什么时候焕发的问题。因为中国的酒文化根深蒂固，源远流长。

同样，老何本人也是这些公司的看好者，我们的理念极为一致。这样，上述公司一旦基本面出现积极向好的根本变化，其实就是拐点的诞生，买点的出现。

大家还是不要忘记一个重要前提，任何进入视野的公司还都必须经过大拐点选股条件的过滤，否则不可进入实战。

# 发掘模式4：自下而上之游历面

自下而上的发掘大拐点公司还有一个很重要的手段——到处跑跑。每到一个地方自然会获得这个地方的很多信息，了解很多风土人情，对当地的上市公司也会有最实际的感受，甚至可以去上市公司实地调研。老何认为，经常去参加股东大会是到处跑跑与实地调研相结合的最佳方式。每跑一次就会有一次的收获。我亲身的经历告诉我，这是很有意思的研究方式，也是获得潜在公司信息、验证好公司的很好模式。

比如，有一次去济南办事，当地的朋友跟老何说，我们济南的银座股份可不得了，什么都卖，小到超市里的东西，大到汽车，每年购物卡沉淀的资金就有多少多少……公司效益很好。而且公司在山东省可谓商业巨头，基本上没有对手。

虽然只是一个简单的闲谈，但回来后，老何对于当时仅仅10元左右的银座，我还是很有兴趣给朋友们推荐后大获成功。

这些年，不知跑过多少家公司，有的是专程去调研，有的是陪朋友看看，也有的是顺路之行。其中，印象深刻的实地调研有这样一些：鲁北化工、天发股份、粤华电、山西汾酒、新天国际、泰达股份、福田汽车、浪莎股份、华神集团、大立科技、安琪酵母、百视通、中源协和等。

每时每刻我们心中都有下一步重点调研的目标公司。安琪酵母、百视通、中源协和、福田汽车是不是可以经常去看看呢？对通策医疗还会有新的认识吗？卫宁软件、美亚柏科这样的小品种是不是可以去看看呢？乐视网、拓维信息是不是潜力很大呢？中科三环值得长期看好吗？高德红外与大立科技之间在红外领域会有怎样的故事呢？

　　前面三个自下而上的研究大拐点公司的模式，其实都是为了获取更多的相关信息，获得一些有可能出现大拐点的公司的名单。而最终你有兴趣的公司是不是完全符合大拐点选股模型，还需要一一进行条件验证。预选、入选与最终被确认选入有天大的差别。

# 第七章
# 关于大拐点的忠告

　　所有的证券市场投资者一定要在身心健康、心情愉悦、家庭和睦的前提下进行投资。这样的前提下取得的投资收益才是真正的健康收益、绿色收益、人生收益。

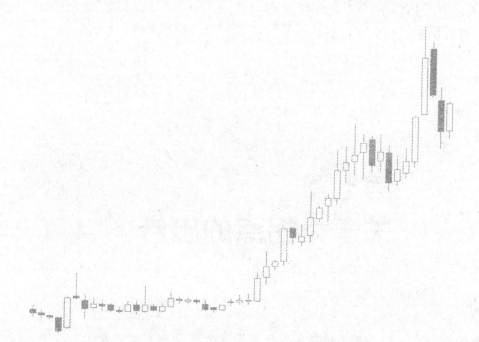

在长期的市场磨炼中，我们发现，在股市中获利的真谛就是八个大字：发现真理，坚持真理！

真理可以是一家好公司，也可以是一项好技术，更可以是一种好思想与理念。其实对于大多数投资者而言，将真理看做一家值得长期拥有的好公司是最实际的。好公司的诞生以及发现需要全体市场参与者的努力，也更需要那些有梦想的投资者具有独特超前的发现真理的能力。坚持真理是一个梦想，很多人天天在想，也在试图去做，但真正可以实现这个看起来最为简单的梦想的人实属少数。也正是因为是少数，市场中才有少数人长期稳定赢利的概率结论。

在现实中，我们发现，所有的成功者都与大拐点公司有着深深的缘分，而且还有着深厚的心理基础。而几乎所有的失败者（也就是市场中的绝大多数人），似乎最终都败在心理层面（思想、理念与技术还在其次）。

无论你是成功者，还是失败者，每一位投资者都要在快乐与健康的状态下去投资，并在投资中获得快乐与健康。这才是我们的最终追求。

# 健康投资与风险控制

结合本书的主要观点，结合对于投资者最实际的帮助，我们将股市中的真理比做一家值得长期持有的上市公司。在这个前提下，谁能够真正做到长期持有，也就是坚持了真理，那么，谁就将成为真正的成功者。

发现真理，坚持真理，首先就是要发现真理，也就是发现值得长期看好的上市公司，本书的核心内容也就在于此，那就是发现公司基本面真正出现长期向上重大拐点的公司，并长期看好，适时买入，长期持有；也就是符合了我们前面提出的最优秀公司两大最难鉴别的条件——长大与恒久。当然，总体上还要符合我们提出的最优秀公司的必备条件：有道德，有历史，有品牌，很大众，能专注，重回报。

大凡股市中的成功者，无不自觉或者不自觉发现并拥有了具备大拐点特征的上市公司，最终获取了超额收益。反过来讲，上市公司基本面的重大向上大拐点也必然是所有渴望成功者的最大追求。成功者，必被大拐点所诱惑。

## 99％投资者，终结在心理面

刚刚说道，成功者必被大拐点所诱惑。一定是！没有哪个成功者不希望捕捉大拐点。具体到公司而言，那就是要发现具有基本面重大拐点特征的好公司，也就是发现真理。但为什么在实际中，即便是很多人都发现了好公司，其中的成功者还是那么少？

其实，发现真理还只是万里长征的第一步，接下去，坚持真理才是更加重要的一环。老何在 2010 年下半年曾经写过一本书《股市赢利终极密钥——交易人性》，其中讲的就是这个道理。懂得如何投资是一回事，能够实现投资收益又是一回事。人性，是投资之中最为重要的因素。

在实战中，99% 的投资者会败下阵来。他们之中有懂得投资道理的，甚至十分专业的。当然，大部分人是连投资的真正道理都没有搞清楚的。大多数投资者还是需要先解决懂得道理这一环节，也就是先能够发现真理。至于是否在发现真理之后能够坚持真理，那要看个人的造化了。总之，只有大概不超过 5% 的人曾经有过坚持真理的经历，一贯性做得很好的比例估计也就 1%。而你是否属于这 1%，只有你自己才知道。

我们在实际中也发现，即便是 99% 群体的失败者，失败程度也是不一样的。懂得如何发现真理的还是会好很多。如果你具备发掘大拐点优质公司的能力，在投资最优质的公司之后，即便没有赚到应有的丰厚利润，也往往会有所收获，即便被套也是套了个"金项链"。所以，99% 的失败者之中，绝非都是亏损者，其中少部分能够发现真理（但没能够坚定地坚持真理，所以也定义为失败者）的投资人最终能够获取一定收益。

 # 全体投资者，目标在健康面

在本书主要内容即将结束的时候，老何真心地讲几句题外话，或者说是比本书核心内容还要重要的话，那就是股市投资最重要的一面，不是技术面、基本面、心理面，而是健康面。

其实，在同是 2010 年下半年撰写的《中华股宝》一书中，曾经提到过一个老何独创的股市赢利指标单位心情利润——以单位心情利润来衡量利润的高低才是最合理、最科学的赢利测评指标。

我们大家在市场中投资也好，搏杀也好，都不能以牺牲健康为代价，不能以牺牲家庭为代价，也不能以牺牲快乐为代价。如果是以健康、家庭、快乐为代价，那么，投资的目的、结果与价值就一文不值，或者是大大缩水。

所以，老何建议，**所有的证券市场投资者一定要在身心健康、心情愉悦、家庭和睦的前提下进行投资。这样的前提下取得的投资收益才是真正的健康收益、绿色收益、人生收益。**否则，就是灰色收益，甚至是血染的收益。这，是我们拒绝的。

全体投资者朋友，只要进入股市，十倍收益的梦想永远是美好的，也是可以实现的，但健康、快乐的生活更是我们的永恒追求。涨十倍的股票、大拐点公司，永远是我们健康美好生活的点缀。

# 大拐点公司风险控制

我们挖掘大拐点公司，看好大拐点公司，这些公司寄托着我们十倍预期的梦想。但任何一家大拐点公司都同样需要有风险防范的意识。我们这里特别提示如下：

●建议严格按照我们给出的大拐点公司鉴别程序寻找此类公司，并严格按照实战性买点规则去买入。这样，就可以在很大程度上防范两大风险：一个是公司基本面的风险，另一个是股票价格波动的风险。

●建议普通投资者不要去碰重组类拐点公司，这些公司虽然有暴利预期，但也往往有很大的不确定性，甚至有退市风险。尤其是在未来退市政策越来越严厉的政策环境下。

●任何看好的大拐点公司，买入之后也是需要卖出的。而卖出有两种可能：一种是主动性的获利卖出，一种是被动性的止盈止损卖出。无论哪种卖出，只要触发卖出条件，就必须执行。

● 对于具有大拐点特征的少数公司，有少数人可以不理会任何股价的波动，甚至是已经触发卖出信号。这些人的理念是，只要公司基本面预期没有改变，就一路持有。这些投资者属于少数心态极为优秀的，是大多数人做不到或者难以模仿的，建议普通投资者不必刻意追求。

# 对大拐点投资的相关建议

我们在书中讨论了如何鉴别与发现具有大拐点特征的公司，也试图寻找其中更具上涨动力的公司，并给出了具体的最佳买入模式以及仓位、市值管理模型。以上所有均为相对微观的层面，需要依赖个人或者机构投资者自身的能力。这里，我们还有以下几个发自内心的建议、忠告，供大家参考。

### 对投资者的建议

对任何一家好公司的挖掘绝对不是简单的技术层面的挖掘，对公司价值作出判断其实就是人生观、价值观的体现。在这样的背景下，就需要投资者尽可能地去多学习各个学科的知识，跨行业、跨领域、跨时空，学习的东西越丰富、越庞杂越好。在学习的同时，也要不断丰富自己的社会经验、工作经验，甚至可以尝试多做几种工作，多一些各方面的经历。

我们从来不认为最优秀的投资大师来自金融学院、经济学院、商学院、投资学院，但他一定是对人生、社会，对自然科学、社会科学有全方位认识，并有着丰富的社会以及人生经历的人。当然，这样的人也一定会有一套自己的理念以及分析、决策、实践系统。他会将所有他所掌握的非常丰富而又庞杂的知识与技能融汇到一个最简单的系统之中。

**弗里德里克·迈特兰德曾经说过：简单是长期努力工作的结果，而不是起点**！每每遇到困难，遇到需要解决的问题，这个最简单的系统就会快速地给出最直接的答案。而上述知识的积累与技能的培养只能靠自己去完成，那个最简单的系统的形成也需要你自己去构建。在我们现有的教育体系之内，无法培养出高素质的全天候的大师。

优质成功的投资者们，自己去努力吧！只要方向正确，剩下的就只有不断地学习，学习各种知识，尤其是一些看起来与投资无关的知识。**传奇式的债券投资大师比尔·格罗斯对他的商学院的学生说：我的书房咖啡桌上摆的并不是彼得·林奇的《战胜华尔街》或者我自己的著作，而是历史学家保罗·约翰逊几本关于 19 世纪与 20 世纪历史方面的书……就确定未来而言，没有比历史更好的老师，一本 30 美元的历史书里隐藏着价值数十亿美元的答案。**

### 对上市公司的建议

对上市公司的价值的挖掘似乎天然地落在投资者身上。其实不然，真正体现公司价值的其实是上市公司自己。没有一个好的经营理念，没有一个好的公司管理团队，没有一个好的技术与产品，没有不断增长的业绩，价值从何而来？的确，公司运作的好坏是价值的基石。

有些公司具有一些天然的优势（强大而宽厚的护城河），比如技术、声誉、市场的垄断与壁垒，连巴菲特也喜欢这些即便没人管理也能正常运转、大把赚钱的公司。这样的公司相对容易发现，比如美国的可口可乐、IBM，中国的贵州茅台、云南白药。但还有更多的公司的价值不是那么显而易见的，其所具有的优势也是阶段性的。

对于投资而言，对于普通投资者的实战而言，有时 3～5 年的高成长已经足够，而更长远的成长或许是看不清楚的。大拐点理论的核心追求是实战赢利，而且是相对高效率的实战赢利，而不是巴菲特式的相对长期投资，也不是疲于奔命的短线买卖。也就是说，依据大拐点理论，我们只去投资那些看起来未来几年有相对很高确定性高成长的企业，只去投资它最风光的时光。

能够符合上述要求的上市公司，除了要求投资者自己去挖掘外，作为上市公司本身，也要有拐点意识。有的公司自己有很好的技术与资源，但管理层素质很差，或者有着国有企业的某种弊病，难以出现实质拐点；有的企业不能抓住技术突破、市场拓展的机遇，从而错失拐点。所以，在今后全流通的市场中，上市公司的大股东高效率地在有条件的背景下使自家的公司出现重大拐点，其实就是对自己的最大贡献，当然也是对其他投资者的贡献，对整个市场的贡献。

拥有大资金的机构投资者，一旦发现有大拐点潜力的公司，也可以通过一些影响力去改变公司的状况，加快公司拐点的到来。巴菲特其实已经在这方面做出了很好的榜样。

### 关于投资方式的建议

本书一直在讨论寻找大拐点的方法，这里给出几点关于包括大拐点投资在内的一些投资方式建议。

- **赚大钱的最大诀窍不在于买进与卖出，而在于等待！** 这是利弗莫尔说的。一个大拐点的等待有时需要几年的时间。

- 与其投资一大堆普普通通的股票，不如投资一家能带给你惊喜的公司。惊喜的来源就是拐点！越大的拐点就是越大的惊喜！

- 想发现优秀的大拐点公司，需要尽可能去学习自然科学、社会科学以及人类所有的知识，并在此基础上构建符合自己价值观的最简单的分析、决策与交易系统。

● 你需要找到公司的拐点，更需要知道如何实现拐点收益。

● 每隔 2~3 年，发现一家大拐点公司，实现你的拐点收益。这就是人间的投资奇迹！

# 结束语：期待中华拐点！

本书的重点是上市公司的基本面拐点。我们认为，公司基本面的拐点是投资过程中最重要的拐点。宏观面的拐点还用研究吗？几个简单的宏观数据（前提是准确）就可以明确。市场趋势的拐点更加简单，三两根均线就可以轻松解决。如果有人还是搞不清楚宏观拐点、市场趋势拐点，随时可以通过各种方式与我们联系，我们可以通过很简单的方式给大家最直接的帮助。至于很多人希望全面系统了解的独家的趋势预警技术，相信在不远的将来也会以图书的形式带给大家。

话再说回来，本书的核心重点是公司基本面的拐点研究，我们带给了大家思想、理念与方法，甚至是具体的交易模式。通过对公司拐点研究方法的掌握，投资者可以在未来的投资生活中尝试去寻找未来有望涨十倍的股票。任何一名投资者，有了思想，有了方法，就一定会有成功的希望。

未来涨十倍股票的群体，也就是具备大拐点特征的股票群体一定来自未来人类生活全新的需求领域。那就是本书曾经讨论过的大健康领域（医疗服务、重大疾病预防与治疗技术、高端保健品、高端养生）、智能娱乐与信息领域（新文化、新媒体、智能生活）、高端装备领域（高端军工、新能源汽车及相关材料）。

　　形象一点地说，一支笔、一杆枪，外加一个好身体，就是我们的未来。

　　**一支笔就是文化**。其实这个世界最强大的武器是文化，而不是飞机大炮。美国人最厉害的武器不是爱国者，也不是 F22，更不是航母，而是可口可乐、迪斯尼、百老汇、好莱坞，尤其是好莱坞。你看着美国电影，喝着美国可乐，就有可能逐步被美国文化所俘获。文化统治与占领是可怕的。如果没有真正中国文化的崛起，那么，若干年之后，中国会不会出现问题呢？及时将文化产业作为中国支柱性产业是完全正确的。2012 年的"两会"再次对此进行了强调。

　　具体到资本市场，文化类公司必将是未来最耀眼的明星之一。在现代社会，在精神领域，人们的需求日趋强大对智能生活的追求将是我们未来精神愉悦的重要因素。

　　文化类公司很庞杂，我们认可那些有强大政府背景以及地域背景的大公司，也看好拥有庞大内容资源与新媒体通道的创新公司。

　　**再看一杆枪**。动笔，是一个长久的事情。而有时候，比较短期的事情，比较急迫的事情，还是要用枪炮解决的。大刀长矛已经过时，大清炮队是用不上的，小米加步枪也只是一个传说，现代战争已经不再需要人海战术，没有高科技武器，就没有优势。而高科技武器首选红外武器装备。

　　任何快乐的身心健康都离不开和平的环境，一个强大的国防可以给我们宁静的生活。而高端军工技术又何尝不是未来很多民用技术的先锋呢？所以，大力发展高端军工技术是一举两得。

　　**最后还是需要一个好身体**。否则，何以享受太平天下、盛世天下。大健康领域为我们提供高品质的身体方面的保健、保养以及医疗。其中，重大疾病的防治是重头戏，而医疗服务、安全健康食品、保健品则属于长期稳定增长的领域。

·

在未来，随着中国三大领域的崛起，投资者不仅会发现很多具有大拐点特征的优质公司，还会不知不觉地发现，我们的国家会变得异常强大。我们的产业结构已经充分调整，我们的经济转型已经成功完成，中国新30年的经济增长模式已经形成。我们不仅在经济实力上将傲视群雄，而且在文化与精神领域，中华民族将再次领先世界。

我想，好公司拐点的诞生还是投资领域的小小欣喜而已，一旦我们国家的新一轮重大经济拐点来临，一旦新一轮中华民族精神与文化的拐点来临，那才是真正的欣喜，那才是整个华人世界的骄傲，那才是我们期待的真正拐点。我们称之为中华拐点、民族拐点。

其实，我们何尝没有感觉到，新一轮的中华拐点已经悄然来临……

奋进吧，全体中华人民；珍惜吧，分享新的中华拐点！

# 附录　大拐点股票池（动态）

**优质拐点潜力公司股票池（先后顺序与看好程度无关）：**

| | | |
|---|---|---|
| 600050 中国联通 | 600085 同 仁 堂 | 600298 安琪酵母 |
| 600138 中 青 旅 | 600088 中视传媒 | 600361 华联综超 |
| 600166 福田汽车 | 600637 百 视 通 | 600406 国电南瑞 |
| 600587 新华医疗 | 600645 中源协和 | 600750 江中药业 |
| 600737 中粮屯河 | 600763 通策医疗 | 600809 山西汾酒 |
| 600827 友谊股份 | 600844 丹化科技 | 600851 海欣股份 |
| 600886 国投电力 | 601006 大秦铁路 | 601989 中国重工 |
| 600372 中航电子 | 600893 航空动力 | 600343 航天动力 |
| 600184 光电股份 | 600137 浪莎股份 | 600439 瑞 贝 卡 |
| 000001 深 发 展 | 000009 中国宝安 | 000541 佛山照明 |
| 000629 攀钢钒钛 | 000661 长春高新 | 000721 西安饮食 |
| 000998 隆平高科 | 002030 达安基因 | 002038 双鹭药业 |
| 002214 大立科技 | 002414 高德红外 | 002230 科大讯飞 |
| 002522 浙江众成 | 000969 安泰科技 | 000970 中科三环 |
| 002033 丽江旅游 | 002428 云南锗业 | 002594 比 亚 迪 |
| 002583 海 能 达 | 002603 以岭药业 | 300006 莱美药业 |
| 300026 红日药业 | 300101 国腾电子 | 300104 乐 视 网 |
| 300146 汤臣倍健 | 300253 卫宁软件 | 300188 美亚柏科 |

| 300238 冠昊生物 | 600161 天坛生物 | 600059 古越龙山 |
| 600315 上海家化 | 600300 维维集团 | 600084 ST 中 葡 |
| 000617 石油济柴 | 600332 广州药业 | 600517 置信电气 |
| 600751 SST 天 海 | | |

**重组预期准拐点公司股票池（先后顺序与看好程度无关）：**

| 600107 美 尔 雅 | 600127 金健米业 | 600771 ST 东 盛 |
| 600890 ST 中 房 | 600647 同达创业 | 600163 福建南纸 |
| 600793 ST 宜 纸 | 600671 *ST 天目 | 000546 光华控股 |
| 002200 *ST 大地 | 600678 *ST 金顶 | 002145 *ST 钛白 |
| 600462 *ST 石岘 | 600444 ST 国 通 | 600228 *ST 昌九 |
| 600419 ST 天 宏 | 600988 ST 宝 龙 | 000908 ST 天 一 |
| 600365 *ST 通葡 | 000665 武汉塑料 | 000545 *ST 吉药 |
| 000555 ST 太 光 | 000815 *ST 美利 | 000813 天山纺织 |
| 000920 南方汇通 | | |

以上公司是以截至 2012 年一季度的公司基本面为依据研究得出的，更新的动态大拐点公司股票池将通过其他渠道不定期发布，有兴趣的读者可以通过邮件联系。联系邮箱：2012dgd@ sina. com。

此外，郑重声明，以上只是阶段性研究成果，不作为个股推荐，也不作为实战建议。尤其是重组预期准拐点公司，其实不排除部分有退市风险。特别提示！

如读者进行实战投资，需要以最新基本面情况进行分析、评估、决策，需考虑自身的风险承受能力。

# 后记　我思，故我赢！

　　笛卡尔是法国历史上最伟大的哲学家，同时，也是一位伟大的数学家、物理学家。尤其是他创立的解析几何，成功地将当时完全分开的代数和几何学联系到了一起。笛卡尔为人类的发展做出了巨大的贡献。每每我们想起笛卡尔，还会想到那句著名的话语：我思，故我在！

> 至高的形而上
>
> 在时间的拐弯处
>
> 你的影子，无处不在
>
> 穿越过世纪的尘埃
>
> 因为一种思想，你的光芒一路照耀
>
> 在人类精神的花园
>
> 你是一片常青的叶子
>
> "I think，therefore I am"
>
> 来自哲学的呓语，谁的声音如梭
>
> 在每一个交叉的路口
>
> 智者如此说

　　是的，多少年来，人们一直在争论、讨论"I think，therefore I am"。笛卡尔认为：当我怀疑一切事物的存在时，我却不用怀疑我本身的思想，因为此时我唯一可以确定的事就是我自己思想的存在。或者说，我无法否认自己的存在，因为当我否认、怀疑时，我就已经存在！笛卡尔的思想是否正确，我们暂时不去证明，将其引申到投资领域，是不是可以"我思，故我赢"呢？

2011 年，我出版了三本图书——《中华股宝》、《股市赢利终极密钥——交易人性》、《股票必涨买入公式》。随后有位老朋友跟我开玩笑说，老何，你都写到终极密钥了，股市的事情该写得差不多了吧。我当时回答，的确，人性的事情，已经是股票市场最后的事情了，当然也是最重要的事情。其他的都是浮云。

但今天《公司大拐点：寻找股票市场中的十倍空间》又匆匆面世。何以解释？其实，这本《公司大拐点：寻找股票市场中的十倍空间》是对此前我已著图书中公司研究方面内容的补充与创新。此前的六部作品，有操作流程的，有投资体系的，有讨论如何获得超额收益的，也有阐述必涨买点的，更有前面提到的关于人性的，而现在出版的《公司大拐点：寻找股票市场中的十倍空间》更多的是在探索一种创新的公司研究方法。

在探索大拐点理论的时候，我基本上在试图怀疑、否定除巴菲特、费雪、林奇等大师以外的大多数公司研究理论（其实，在我内心深处，还是希望能以巴菲特为榜样，以满意的价格拥有属于自己的股份，快乐、轻松地享受优秀公司带来的满意回报。做股东，其实是投资的最高境界，做优秀公司的股东更是步入了幸福天堂，但这种境界是股市凡人所难以完美实现的），并确定大拐点理论是正确的。实践证明，按照大拐点理论研究发掘的公司都是可以让投资者获取超额收益的公司，很多投资者在享用了大拐点公司的研究成果之后，获取了满意的结果。我们的研究心得得到了实践的检验，也得到了投资者的认可。

我们似乎很愿意相信：我思，故我在！也更愿意相信：我思，故我赢！这里的思，就是经过思考之后的一种全新的研究方法，我们相信这种方法，因为我们看到了它的真实存在，它的实际功效，这个功效就是赢利，稳定的赢利。

我不奢望所有人相信大拐点理论，也不希望大家都相信，因为大拐点理论也一定有它的问题与缺陷，也一定还有更大的发展与改进空间，但我希望所有对自己负责的投资者一定不要放弃思考，不要放弃赢利。无论是我思故我赢，还是我赢故我思，思考与赢利是密不可分的，而关于公司研究的方法与路径应该是投资者最该思考的问题。但愿老何这次的思考与探索，能给更勤于思考的朋友们带来一点点光亮。

在我多年不断思考的过程中，家人与朋友们其实没少打扰我，干扰我，有时需要一个很宁静的环境都不是很容易。究其根本，还是自己难以放弃世间美好的亲情、友情甚至是更多的庸俗。所以，每每都是在嘈杂与纷乱之中写完一本本著作。

但无论如何，我还是要感谢多年以来一直陪伴我、关心我的家人，感谢所有对我直接、间接有过帮助的朋友们。亲情是任何力量都无法割断的，友情是任何人都无法拒绝的。这也是我能不断思考、不断创新的动力所在。在亲情与友情的世界里，我希望今后为中国证券市场不断带来一些更新鲜的空气，也希望获得更多的友情。

为了寻求幻想中的宁静，我最大的愿望或许是在一所江南学府之中，为中国未来的希望倾注最后的热情。如果有一天，在校园的一角，你我相逢，估计那不会是在梦里。

何 岩

2012.4.6 于北京

后记 我思，故我赢！

241

# 何 岩 经 典

投资思想：崇尚儒、法、道、佛之中所有符合人性与自然规律的思想与理论。

投资哲学：系统性，客观性，一致性。

投资战略：长线价值型公司趋势性运作。

投资理念：以价值为根本，以成长性为核心，推崇中华独有资源，遵循大拐点理论。

投资行为：结构决定动机与行为。

投资管理：以市值管理为最高准则，以心情管理为最高境界。

投资决策：以人性弱点控制、人性升华作为投资决策最高境界。

人生准则：永远善良，永远勤奋，永远创新。

奋斗目标：1. 改变中国证券投资者现有的投资生活方式，创造可以享受阳光、沙滩的利润。

2. 倾力挖掘中华独有资源的投资价值，让全世界的投资者分享中华盛宴。

经典回顾：擅长发掘具有独特中华核心优势的优质大拐点公司，1996 年深科技，1997 年鲁北化工、东大阿派，1998 年中信国安、中兴通讯，1999 年东方明珠，2000 年粤华电、2002—2004 年上海汽车、中远航运，2005—2007 年黄山旅游、贵州茅台、云南白药、泸州老窖、山西汾酒、驰宏锌锗、西藏矿业、新天国际、王府井、天坛生物，2008 年隆平高科，2009 年中兵光电、中新药业、福田汽车，2010 年洋河股份、包钢稀土、华神集团，2011 年同仁堂、通策医疗、卫宁软件、百视通等。